本书读懂歌德

READING GOETHE IN A BOOK

大人物系列

袁子茵 ◎著

沈阳出版发行集团
◎沈 阳 出 版 社

图书在版编目（CIP）数据

一本书读懂歌德 / 袁子茵著. 一沈阳：沈阳出版社，
2018.3（2020.5 重印）
ISBN 978-7-5441-9015-2

Ⅰ. ①一… Ⅱ. ①袁… Ⅲ. ①歌德（Goethe, Johann Wolfgang Von 1749-1832）- 人物研究②歌德（Goethe, Johann Wolfgang Von 1749-1832）- 文学研究 Ⅳ. ① K835.165.6 ② I516.064

中国版本图书馆 CIP 数据核字（2018）第 000621 号

出版发行： 沈阳出版发行集团 | 沈阳出版社
（地址：沈阳市沈河区南翰林路 10 号　邮编：110011）
网　　址： http://www.sycbs.com
印　　刷： 辽宁星海彩色印刷有限公司
幅面尺寸： 156mm × 227mm
印　　张： 11
字　　数： 150 千字
出版时间： 2018 年 3 月第 1 版
印刷时间： 2020 年 5 月第 2 次印刷
责任编辑： 王冬梅
封面设计： 仙境设计
版式设计： 北 北
责任校对： 张 楠
责任监印： 杨 旭

书　　号： ISBN 978-7-5441-9015-2
定　　价： 35.00 元

联系电话： 024-24112447
E - mail： sy24112447 @ 163.com

本书若有印装质量问题，影响阅读，请与出版社联系调换。

前言

让我们随着这套"大人物系列"走近世界文豪，聆听大师们的妙言，感受大师们非凡的生活。

置身于历史的画卷，仰望文字长空的星辉，寻找人类文化历史发展的历程。从古希腊的神话、王国到中世纪的骑士、城堡，从金戈铁马的古战场到五光十色的繁华都市，从奔腾喧嚣的瀑布、河流、海洋到恬静幽美的森林、峡谷、田庄，世界文学之窗一扇一扇向我们打开，久远凝固的历史画面和丰富多彩的生活图景在我们面前展开，让我们去漫游绚丽多彩、浩瀚无边的文学世界，让我们去游历文学世界的每个角落，体会人们的情感、爱恋、幸福以及痛苦、忧伤、希望……

在品读这些经典原著时，我们体会着大师们灵动的语言，共享着人类精神的家园，和大师们零距离接触，感受他们的生命和作品的意义，我们将能获取更多教益。让我们每一个人的文学梦从这里走出，在人生之路的不远处收获盛开的花朵和丰硕的果实。

本册介绍的是18—19世纪德国著名的思想家、科学家、文艺理论家、诗人和剧作家歌德的一生和他的举世闻名的代表作《少年维特之烦恼》《浮士德》。

目录

前言 /001

引言 /001

第一部分 成长

1. 出生与童年时光（1749—1755）/003
2. 少年时代（1755—1765）/007

   求知的少年 /007

   地震和战争接踵而来 /009

3. 早期创作：求学并踏上文学正途（1765—1775）/011

   莱比锡大学 /011

   自由的鸟儿 /012

   少年的烦恼 /013

   遇到良师益友 /015

   初恋 /017

   阁楼养病 /019

   斯特拉斯堡求学 /020

   赫尔德的反古典主义美学 /021

   田园恋歌 /024

   初登文坛 崇尚莎士比亚 /026

   韦茨拉尔就职 时代的烦恼 /027

   掀起狂飙 创作第一高峰期 /030

狂飙处女作——《葛兹·冯·伯利欣根》/030

震惊文坛的书信体小说——《少年维特之烦恼》/032

最激越有力的诗剧——《普罗米修斯》/035

忏悔与转折——《史推拉》《克拉维哥》/036

第二部分 走进魏玛 走上政坛

1. 中期创作：魏玛时期（1775—1805）/041

魏玛最初10年 走上政治舞台 /042

歌德的园林屋 /044

夏绿蒂·冯·施泰因夫人 /046

意大利之行 /048

崇尚自然 新古典主义思想形成 /051

无韵诗《哀格蒙特》《伊菲格涅亚在陶里斯》/052

再回魏玛 /057

走进婚姻 /058

骨中之骨 肉中之肉：诗剧《托夸多·塔索》/060

法国大革命 歌德的一棵自由树 /062

现代牧歌：叙事诗《赫尔曼与窦绿苔》/064

2. 伟大的友谊：歌德与席勒 /065

第三部分 生活本真的思考

1. 晚年创作：创作高峰期（1805—1832）/073

两位巨人之间：歌德与拿破仑 /073

"至少要读三遍"的《亲和力》/076

景仰与疏离：歌德与贝多芬 /077

魏玛大公国首相遭遇剧院风波 /081

忘年的挚友：歌德与爱克曼 /083

憧憬东方文明 预言世界文学 /086

西东文化共融：《西东诗集》/087

中国意象：《中德四季晨昏杂咏》/088

艺术成就的辉煌顶峰 /090

《威廉·麦斯特的学习时代》/090

《威廉·麦斯特的漫游时代》/091

《诗与真》，诗人自我审视 /093

《浮士德》，知识分子的百年求索 /094

戏剧创作成果 /095

2. 西沉的太阳（1832.3.22）/097

第四部分 主要作品介绍

《少年维特之烦恼》/103

《浮士德》/127

附录

歌德生平及创作年表 /162

参考文献 /164

引言

约翰·沃尔夫冈·冯·歌德（1749—1832）是18世纪中叶到19世纪初欧洲最重要的文学家、著名的剧作家和诗人。他出生于德国美因河畔的法兰克福，逝世于魏玛。他的一生不仅从事文学创作，进行文艺理论研究，而且研究自然科学，参与政治活动等。18世纪90年代中期，歌德和席勒创立了"魏玛古典主义"，这个古典文学时代标志着德国民族文学的最后形成。海涅称，这是德国诗人和思想家在思想上进行的一场法国大革命。歌德这位德国最伟大的作家，在世界文学领域是出类拔萃的光辉人物，他的名字与世界文坛巨匠但丁、塞万提斯、莎士比亚相提并论。

歌德的创作大致分为三个时期：

早期创作在1765—1775年之间，其代表作品是书信体小说《少年维特之烦恼》（1774），剧本有《诸神、英雄与维兰德》（1774）、《普隆德尔魏伦的集市》（1774）和《帕得·希莱的狂欢节剧》（1774）等传统的具有民间特色的狂欢节剧和讽刺性滑稽剧；还有以《克拉维哥》（1774）等为代表的描写爱情和婚姻的剧本；特别是剧本《葛兹·冯·伯利欣根》（1773）以澎湃奔突的自由激情为美学特征，是"狂飙突进运动"的主要成果。

中期创作在1775—1805年之间，其主要作品有剧本《托夸多·塔索》（1790）、《伊菲格涅亚在陶里斯》（1788）、《哀格蒙特》（1788），还有叙事诗剧《浮士德》第一部（1808）等。这个时期歌德追求宁静、和谐的人道理想，创作转向古典主义。

晚期创作在1805—1832年之间，其重要作品有长篇小说《亲和力》（1809）、《威廉·麦斯特的学习时代》（1777—1796）、《威廉·麦斯特的漫游时代》（1820—1829），诗集《西东诗集》（1819），叙事诗剧《浮士德》第二部（1832），自传性作品《诗与真》（1811—1830）和《意大利游记》等。这个时期的作品主旨转向对人与世界、灵与肉、成与毁等生活本质的思考。

歌德的文学创作包括了几乎所有的文学体裁，作为诗人，他留给我们约2500首诗歌，他的诗篇犹如珍珠翡翠异彩纷呈。作为剧作家，戏剧创作是他全部创作中最重要的部分，他一生中完成的和未完成的剧本有70余部，其中有巨著，也有化装游行剧一类的剧作。他是文艺理论家，他的文艺评论体现着他的真知灼见。他是政治活动家，在魏玛公国当枢密顾问期间，推行政治经济文化变革，让魏玛这个弹丸之地变成了德国的文化艺术中心，步入了辉煌的古典文学时期。他是思想家，他的泛神论思想闪烁着光芒。他作为业余的自然科学家，在人类的胚胎中发现了颚间骨而闻名动物学界。他登台演剧多场，业余作画千幅，喜欢收藏钱币、雕塑等古董。他虽然没当过教授，却是一位知识渊博的学者。

歌德是高寿高产的作家，享年83岁，他的魏玛版的全集达133卷。歌德8岁开始写诗，24岁时就发表了处女作剧本《葛兹·冯·伯利欣根》，该剧本可以说是"狂飙运动"的第一部杰作，歌德成为"狂飙运动"的代表人物。同年，发表了书信体小说《少年维特之烦恼》，获得了巨大的成功，并引发了感伤主义。他的天才来自勤奋，在他临终时说过：一切要归功于自己的天才是愚蠢的。他的勤奋和执着体现在他的写作上，他的作品来源于生活，他的情诗之所以写得让人落泪，源于他恋爱的真实历程，他只有在恋爱时才写情诗。

歌德写作的一个特点是，将已经开头的作品搁置几年，有时是数十年之久，将已经发表的作品进行重大的修改，将一些完成了的作品压下很长时间才付印。例如，《浮士德》陆续用了近60年的时间，"威廉·麦斯特"系列前后用了近50年。《诗与真》《意大利游记》各写了10多年的时间。他还烧毁了许多书信作品，他的作品数量难以统计。他说："在我漫长的一生中我确实做了很多工作，获得了我可以自豪的成就。我有什么真正要归功于我自己的呢？我只不过有一种能力和志愿，去看去听，去区分和选择，用自己的心智灌注生命于所见所闻，然后以适当的技巧把它再现出来，如此而已。我不应把自己的作品全归功于自己的智慧，还应归功于我以外向我提供素材的成千上万的事情和人物。"

歌德的思想和创作充满着矛盾，正如恩格斯指出的，"歌德有时非常伟大，有时极为渺小；有时是叛逆的、爱嘲笑的、鄙视世界的天才，有时则是谨小慎微、事事知足、胸襟狭隘的庸人。"

在"狂飙突进运动"中，歌德走上文坛，以自己毕生的精力进行了艰辛的文学创作，他用心血谱写出一部欧洲的形象的断代史。歌德在创作中，热情赞美生活、创造，歌颂积极向上的人生，探索和描绘人类未来社会的理想道路；对封建制度、教会反动势力以及资本主义社会的恶德败行，给予了严厉的揭发与批判。他对人类的前途充满了信心。

歌德叩开了两个时代的大门，经历了18世纪资产阶级大革命时代，又感受到了19世纪无产阶级革命时代的到来。其间的风云变幻，在他那卷帙浩繁的作品中全部体现。18世纪70年代，他的剧作《葛兹·冯·伯利欣根》《普罗米修斯》，小说《少年维特之烦恼》具有强烈的反封建精神，亦是"狂飙突进运动"的代表作；80—90年代，他的诗剧《浮士德》

《哀格蒙特》凝结着他的魏玛古典主义美学思想，把德国18世纪的文学推向最高境界。

歌德的创作还促进了德意志民族意识的形成和民族语言的统一，并且为德国文学屹立于世界各民族文学之林奠定了基础。歌德还以其敏感的嗅觉，预言世界文学时代的到来。他创造了自己国家的文学并且光耀了欧洲文学，他的名字为欧洲各国人民所熟悉，他的著作已成为全人类一笔宝贵的精神财富。

歌德的一生是伟大的，歌德的形象是难以用笔墨来描述的。任何一本歌德传，都难以描绘歌德丰富灿烂的一生。他身边的友人、秘书爱克曼说过，"这位非凡的人物及其精神可以比作一个多棱形的金刚石，每转一个方向就显出一种不同的色彩。歌德在不同的情境下对不同的人显现的形象是不同的。"哲学家黑格尔这样说："歌德的初始现象并不已经意味着一种理念，而是意味着一种精神——感性的本质，在纯粹的本质概念和感性世界的偶然现象之间进行调和。""一个志在有大成就的人，它必须如歌德所说，知道限制自己。反之，什么事都想做的人，其实什么事都不能做，而终归于失败。"恩格斯说歌德："在他心中经常进行着天才诗人和法兰克福市议员的谨慎的儿子、可敬的魏玛的枢密顾问之间的斗争。"恩格斯甚至曾经把歌德和黑格尔并提，给予高度的评价，称"歌德和黑格尔各在自己的领域中都是奥林匹斯山上的宙斯"。

第一部分 成长

人不光是靠他生来就拥有一切，而是靠他从学习中所得到的一切来造就自己。

1. 出生与童年时光（1749—1755）

1749年8月28日正午，时钟刚打12下，一个婴儿降生在德国美因河畔法兰克福城的"皇家顾问"家。孩子一出生，就睁开一双深褐色、黑亮黑亮的大眼睛。他就是约翰·沃尔夫冈·冯·歌德。

歌德的祖父曾是法兰克福一家服装店的老板，因为生活拮据，后来举家迁往工业发达的法国，在里昂定居下来。1685年，法国国王路易十四废除了1598年颁布的保护新教徒信仰与政治自由的"南特敕令"。歌德的祖父和其他新教徒被迫离开法国，回到法兰克福。后来，他兼营葡萄酒生意，家境逐渐殷实，给后人留下了相当可观的财产。

歌德的父亲约翰·卡斯帕·歌德（1710—1782）是帝国议会的成员。由于家境富裕，约翰·卡斯帕·歌德得以就读全国最好的学校之一：萨克森－科堡大公国的首府科堡的卡西米利安乌姆中学。完成了基础教育后，1730年9月在基森进入大学，次年转入莱比锡大学专攻法学。1738年年底获法学博士学位。约翰·卡斯帕·歌德从此摆脱了小业主家庭，进入知识层，在韦茨拉尔德国最高法院实习，还去了罗马和巴黎旅行。1741年定居他的故乡法兰克福。虽然家

歌德的出生及洗礼证明

庭经济非常富裕，可是他的法律事业却进行得很不顺利。直到1742年国王聘他为"皇家顾问"，他的社会地位才逐渐提高，当上法兰克福市的参议员。

1748年，37岁的皇家顾问娶了法兰克福市市长的17岁的女儿为妻。婚后第二年，他们的第一个孩子出世，取名为约翰·沃尔夫冈·冯·歌德。皇家顾问中年得子，欢喜不已。夫妻俩的喜悦之情难以言表。年轻的母亲没有奶水，只好请保姆照管。好在其家境富裕，经济上不成问题。

歌德1岁那年，他的妹妹科纳里娅·弗里德莉克·克里斯蒂安内降生。歌德的母亲共生了5个孩子，除了歌德和妹妹科纳里娅外，其他一个男孩和两个女孩都天折了。

歌德的家在当时的法兰克福是屈指可数的名流家庭。歌德家的房子距离法兰克福市政厅不到100米。房子很大，房间也多，外观豪华气派，室内布置精致典雅。歌德的父亲爱好收藏，每个房间都摆放了很多他游历各地时带回来的艺术品。图书室里有丰富的藏书，陈列室摆满了当代有名的艺术家的作品，这体现了主人的家境富裕及文化教养。

歌德故居

法兰克福是一座德国中世纪古城，它坐落于莱茵河右侧支流美因河河畔，城市有30多万人口，是当时南北交通的枢纽和工商业的中心。城中有许多古老的建筑：城墙、壁垒、垛壕、瞭望塔和辉煌壮丽的宫殿，这些都是少年歌德经常游玩的地方。特别是法兰克福市议会会堂——罗马厅，歌德和小伙伴们经常设法跑进去，有时还溜进宏大的御殿，瞻仰那些历代帝王的画像。这些古老的

第一部分 成长

文化遗迹，深深地影响着歌德。

法兰克福每年有两次大市集，在春秋两季举行。市集开始时有一个盛大的仪式，这是小歌德最开心的事，因为那时他会看到身为市长的外祖父坐在罗马厅御殿围栏正中最高的座位上，作为皇帝的代表，享受无比的尊荣。活动结束后，他还会得到那个象征贡品的盛胡椒的光滑大木杯、一副缀有丝穗的缎子手套和几个古银币。

歌德的孩提时代是在父亲的严厉管教下和母亲的爱抚中度过的。父亲是一个偏重理智的学者。他勤勉好学、自尊心强、寡言少语、热爱艺术、爱好收藏名画古籍，但是性情执拗、办事刻板、铁面无私。母亲天性活泼、善解人意，经常给孩子们讲故事。当孩子做错了事时，常常在严厉的父亲面前给孩子解围，但绝不包庇他们的错误。

两人不同的教育方法可以用一个小事例来说明：

父母为了培养孩子们坚强、独立的性格，让歌德和妹妹单独睡在卧室里。夜深人静，两个孩子心生恐惧，常常从床上爬起来去找仆人。这时，父亲就会穿着宽大的睡衣，铁面无私地挡在过道里，直到把他们逼回到卧室里去。母亲却不这样，她和孩子们密约，如果晚上谁战胜了恐惧，第二天谁就能得到水果奖励。

母亲开朗乐观的性格，让小歌德感到母爱的伟大。他常常依傍在母亲的膝下，沉浸在母亲讲的那些充满神奇和幻想的优美的故事中。这些故事大大地激发了歌德自由的想象力，萌发了创作的激情。

歌德的祖母对歌德的影响也很大。在小歌德的眼里，祖母长得漂亮、

木偶戏小道具

清瘦，性格温柔、和蔼可亲。她喜欢和孩子们在一起玩各种小玩意儿，给孩子们吃各种小零食。在一个圣诞节的平安夜，祖母给孩子们安排了一场木偶戏，那个小舞台和那些小角色在歌德面前打开了一个新世界，启发了歌德的想象力，他不自觉地上前鼓弄起来，这件事情烙印在他的记忆深处，这对他以后的文学创作起了启蒙作用。

多年以后，歌德曾写了一首小诗回忆当年的感受：

父亲给我强壮的体魄，

还有立身行事的谨严；

母亲给我快活的天性，

外加喜欢把故事杜撰。

曾祖父生来爱好美色，

他的幽灵也忽隐忽现；

曾祖母喜欢金银首饰，

这同样流贯我的血管。

可见，歌德从父亲那儿承袭了坚韧不拔的精神，从母亲那里继承了乐观、幽默的禀赋，从曾祖父和曾祖母那儿感受着生活的美好。这首小诗是对家的一个总结，坦率而符合实际。

歌德长着一双大大的眼睛，圆鼓鼓的脸，宽宽的额头透着聪颖和顽皮。家中的楼梯通向东西几间高低不一的屋子，楼下有一个宽敞的前廊，它的门旁边是一个很大的木格子窗户。屋里的人通过木格子窗户能看到外面的街道和街上发生的事情。

一天的午后，家人们都安静地坐在家里，小歌德带着他的玩具盘儿、锅儿在格子间玩耍，玩了一会儿有些无聊了，就把一个家伙抛到街上去。它摔得那样清脆，他感到很高兴。住在对门的3个孩子看见他因为这个而欢笑，就拍起小手掌来，叫道："再来一下！"小歌德毫不踌躇地把一个小锅马上摔到街上。他们不断地叫嚷："再来一下！"小歌德把他的全套盘儿、锅儿、罐儿一个一个摔下去。他们继续喝彩。于是，小歌德跑到厨房去，把那些瓦制的盘子拿出来，它们摔起来当然更清脆好听。就这样他跑来跑去，只要能够得着，那一排排食器架上的盘子，便一个个都端出来，全都摔个干净。

小歌德可爱天真的样子、奔跑着的影像留在了大人们的记忆里，这件事情被大家当作了很长时间的笑谈，在歌德的记忆里也格外清晰。

2. 少年时代（1755—1765）

求知的少年

6岁了，歌德到了该念书的年龄。父亲聘请了几个家庭教师给歌德和歌德的妹妹授课。父亲给他们规定的课程很多，有德文文法、拉丁文、意大利文、数学、书法、绘画、法语、英语和希伯来文，还有《圣经》。此外还学习钢琴、击剑、骑术等。为了更好地促进歌德的学习，父亲亲自督学。

歌德不喜欢文法，但在修辞学和作文方面的学习很出色。他记忆力好，领悟敏捷，善于推理，其聪慧明显高于同龄人。

歌德似乎在语言方面有着惊人的天赋，拉丁语、希腊语、希伯来语、英语及意大利语同时学习，其艰深对于小孩子来说具有相当的难度，但小歌德自有掌握学习它们的办法。比如，他构思了一篇小说，由远在不同地点的兄弟姐妹之间的通信写成，其中每一个人各用一种文字来写信，这样，小说由大家写成了，多种文字的学习也变得有趣味了。

年幼的歌德继承了父亲的勤勉、坚韧的性格，加上自身的敏捷的领悟力、极强的记忆力，对父亲规定的这些枯燥陈腐的课程虽然没有兴趣，但他都能够掌握。歌德最爱好的还是韵文和诗歌，他很快就掌握了诗的形式和诀窍。在迎接1757年新年时，8岁的他创作了《贺岁诗》献给外祖父和外祖母。

小歌德在课余时经常阅读课程以外的图书，不到10岁的他就已经读了有铜版画插图的《圣经》和《编年史》，读了《伊索寓言》《变形记》《鲁滨孙漂流记》《天方夜谭》等名著。父亲的藏书很多，其中有文艺复兴时期的意大利诗人塔索的《被解放的耶路撒冷》的翻译本，还有德国著名诗人克洛卜施托克的宗教史诗《救世主》，这些都被歌德用心读过且能背诵那些打动自己的诗句。小歌德还经常用自己的零花钱买书摊上的旧书，如《厄伦史皮格尔的故事》《奥大维安皇帝》《万劫流浪的犹太人》等中世纪广为流传的民间故事书。

小歌德在姨母家中看到了一本有法国铜版画插图的散文译本荷马史诗《荷马著·特洛伊王国征服论》。他阅读此书后，了解了古希腊伟大的诗人荷马，对特洛伊战争有了初步的了解。后来他又读到了古罗马三大诗人之首维吉尔的《埃涅阿斯纪》作品，了解了古代最伟大的民族史诗作品，了解了埃涅阿斯是民族英雄、领袖。这部有着厚重的历史感和思想性的图书，让歌德的世界丰富了，视野开阔了。他对历史的探索兴趣更浓了，对人生的意义有了自己的一些理解，对自己的未来有了某种莫名的激动和向往。

1759年，10岁的歌德开始尝试以各种题材作诗，还经常与他的小朋友互相唱和着写作。十二三岁时，他写了一些宗教颂歌和田园抒情诗，给人以"后生可畏"的印象。他把这些诗编辑成册献给父亲，父亲和母亲心中很是赞赏。

歌德所处的诗书生活环境和所受到的超前教育，为少年歌德的成长提供了良好的氛围并打下了坚实的基础，然而要登上名作家的宝座，他还要走一段很长的艰辛的路。

地震和战争接踵而来

1755年11月1日，歌德6岁的时候，发生了里斯本大地震。震级为里氏9级，地震还造成了海啸和火灾，死亡人数高达6—10万人。那是一场世界性的悲剧，这在歌德幼小的心灵造成了精神创伤和深远影响。他在《我的生平诗与真》中写道：

这个商埠兼海港的美丽城市，突然遭到史无前例的可怕的灾难侵袭。大地摇撼，海水汹涌沸腾，船舶互相撞击，房屋崩塌，众多建筑物化为一片瓦砾。裂开的大地似乎喷着火焰，烟与火焰弥漫在一片废墟之上。前一刻还活得快快乐乐的6万人，瞬间化为冤魂。

……

在我曾经的观念里，天地的创造者及维护者——神，是睿智而仁慈的。可是现在他正邪不分地将一切统统毁灭，这样的事实说明神根本就不是万物之父。

1756年，歌德7岁，七年战争爆发，这是历史上第一次世界性的大规模战斗。

七年战争（1756—1763），又称"英法七年战争"，是欧洲两大军事集团英国、普鲁士同盟与法国、奥地利、俄国同盟之间的为争夺殖民地和海外领土而进行的一场大规模战争。当时欧洲的主要强国均参与了这场战争，其影响覆盖了欧洲、北美、中美洲、西非海岸、印度以及菲律宾。这场战争是参战国为了各自的政治立场，并无正义可言。法兰克福在这场战争中受到波及，整个市区人心惶惶。小歌德和伙伴们被关在家里禁止出门。

好动的歌德憋闷得无聊，就央求大人们玩耍木偶。开始歌德和小伙伴们演出已有的剧目，后来便尝试练习演出其他剧本。他们动手改装布景，还做了一些小服装和一些小道具，这无疑萌生了他文学创作的激情。当然，由于这场战争，小歌德从父辈口中对战争也有了一些了解，对大人们的做事方式有了小小的蔑视。

1759年1月至1763年2月，法国军队进驻了法兰克福。歌德家的房子被迫开放使用。法国驻军的托兰伯爵驻扎在歌德的家里，在这里处理及调节各种争端。这个身躯瘦长、举止庄严、满脸痘疤的高级武官是个艺术爱好者，他酷爱绘画，很喜欢歌德父亲的收藏品。伯爵参观了歌德父亲的画室以后，便把全城有名的画家请来让他们为自己作画，将歌德住的阁楼用作画室。歌德的家人因此免除了浩劫的灾难，同时也让10岁的歌德有了更多接触名画家和名画的机会。歌德认识了这些画家，常常参观他们作画，甚至能对他们的速写和素描发表意见。后来，歌德还就如何画约翰的故事写了一篇详细的论文。

法国军队占领法兰克福市后，为了慰劳法军，法国剧团来到法兰克福

莫里哀画像

公演，繁荣的法国古典主义戏剧进入了德国剧院。歌德从他当市长的外祖父那里弄到了招待券，每天都去剧院看戏。剧院上演的有喜剧、悲剧和歌剧。

在这里，歌德看到了17世纪的法国喜剧家莫里哀的《司卡班的诡计》，看到了18世纪法国文学家卢梭的《乡村卜师》和狄德罗的市民剧《家长》。歌德一边看戏，一边看父亲藏书中的这些法国古典主义的剧作。其间，歌德不仅观看了很多著名剧

作家的作品，而且与演员们打成一片，学会了地道的法语。就这样，高乃依、拉辛、莫里哀的世界向少年歌德打开了。

少年是歌德求知欲最旺盛的时期，由于他的父亲游历过意大利，又很喜欢意大利，就经常给歌德讲述有关意大利的一些知识和趣闻。父亲还在家的前厅装饰了一排排罗马的铜版风景画，后来这些画都用镶金条的黑框框了起来。小歌德天天能从这里看到波波罗大道和彼得教堂，父亲经常向他描述这些景物，还把自己从意大利带回来的大理石等小收藏拿给他看。

在父亲的影响下，歌德已经不满足于法兰克福这块小天地，他向往意大利文化。就在20年后，歌德终于踏着他父亲的足迹，实现了他的愿望。

3. 早期创作：求学并踏上文学正途（1765—1775）

莱比锡大学

1765年10月，刚满16岁的歌德通读了很多文学著作，已经显露出在文学艺术方面的天赋。

他为自己设计了一条人生之路，他要专攻语言学、文学和历史学科。可是他的父亲却坚持让他前往莱比锡修习法律和哲学。这是因为歌德的外祖父是市长，父亲却是一个有着虚名的顾问官。父亲希望儿

莱比锡大学

子在政治上得到发展，学习法律当上一名高级行政官。到莱比锡求学是当时走上仕途的必经之路。

莱比锡是德国最大的博览会城市，位于德国的东北部，距离法兰克福约300公里。当时的莱比锡是西欧与东欧之间的贸易中心，也是文化中心。莱比锡当时约有3万人口，市面繁华，市民生活轻松愉快，因而它被称为"小巴黎"。德国著名诗人、戏剧家莱辛曾在莱比锡大学学习，他说，在这座城市里，人们可以看到整个世界的缩影。

1765年10月3日，他前往莱比锡大学求学。

自由的鸟儿

歌德从街道狭窄的法兰克福来到街道宽阔的繁华城市，摆脱了父亲的严厉管教，感到心情格外舒畅。他来到莱比锡大学读书，半个月时就写了这样的一首小诗：

像是一只小鸟，在美丽的树林里，

在枝丫上逍遥地摇曳，

安逸地享受着浓郁的乐趣，

鼓起自己的双翼，在树丛中喝啾着跳来跳去。

莱比锡大学虽然不是歌德的首选，但这里有著名的希腊文和拉丁文教授摩鲁斯先生和雄辩学、神学教授欧内斯提先生。歌德还是很希望在这里收获学习成果的。

歌德带着父亲的介绍信，首先去拜访了历史学家、法学家兼宫廷顾问官博麦教授。歌德本不想继承父业，而是想学文学。他向博麦教授表明自己的意愿。博麦教授对他学文学的意愿不以为然，作为历史学家和宪法学者，他对于一切带有文学气味的东西都表示憎恶。歌德只好按照博麦教授给他定好的课程，先学哲学、法律史和罗马法等课程。

歌德按照父亲的意愿学习法律，可是莱比锡大学的老教授们的那些法律讲义，早已被现实证明无有用处。哲学也学得很困惑，他自小树立起来的那些观点在这里全部被否定。歌德十分苦恼，看着窗外洛可可风的建筑物，看着这繁荣的商业世界，感到这个城市骨子里的浮华和奢侈，刚来时的那些新鲜感在现实面前荡然无存。

少年的烦恼

一个阶段研习下来后，哲学对歌德仍没有什么启发作用，逻辑学使他觉得很奇异，法律的讲授更是"糟糕"。他感到极其无聊。至于神学，歌德更是反感，他对宗教向来持怀疑态度，视圣经为宗教教条，使人思想僵化。

歌德又去拜访与父亲有联系的一些上层社会家庭，意在通过他们被引荐到更广的社交圈子里去。结果，在这些圈子里，歌德有了一些挫败感，这种情境在他后来创作的《少年维特之烦恼》中都有体现。

歌德的家乡在德国南部，当地讲的是南德方言。当时的上流社会将德国的"普通话"作为衡量人们德文水平的标准。这对一个立志学习文学、语言学的歌德来说无比烦恼。他深感自己在众人面前的不自在，他的谈吐在人群中是那么不协调，他的思维也跟着不知所措了。再有就是对歌德着装的挑剔和嘲笑。歌德的家境很富裕，歌德的服装都由父亲亲自选择上乘衣料，由自家裁缝缝制，衣服上都镶着华贵的金花边和银花边。但在莱比锡这个大都市里，他的服装却不合时宜了，他被这个圈子里的小姐太太们奚落，也被同学们揶揄。

歌德怀着文学的抱负来到莱比锡，却因为语言和服装遭到戏弄，心情极其不好。他努力改变、调整自己，他不仅仅在衣着和发型等外部形象上加以改变，更力求显示自己内在的独特的个性。他相信自己有着高超的文学兴趣和对新事物的理解，他将自认为最精彩的作品拿出来，希望能得到大家的赞赏。由于歌德曾受流行于文坛的洛可可诗风的影响，写的大多是绮靡轻佻的诗歌，这又不为其所在环境的人们所看重，特别是博麦夫人和摩鲁斯先生的否定，对歌德的打击尤其大。

博麦夫人经常请歌德到家里做客，她指导歌德一些社交礼仪，教会他在社交场合上的牌类游戏，还经常和歌德谈论文学。但是，她对歌德诗歌中的琐细、柔弱的文风很不赞成。摩鲁斯先生为歌德所敬重，他对歌德诗歌的每一个细节的分析，让歌德的写作立场和热情瞬间坍塌。

格勒特教授是当时著名文学杂志《不莱梅文集》的编辑、著名作家，深受青年学生欢迎。歌德经常听格勒特讲授的文学史和文学写作课。但是格勒特教授只重视散文，鄙弃诗歌，歌德对诗歌挚爱的心无所放置。

在当时，德国文学正处于新旧交替期，新旧力量的冲突以及由此引起的思想混乱，让年轻的歌德无法适应。歌德对自己诗歌的才华怀疑起来，对大学生活丧失了信心，他对自己正在写的作品以及已完成的作品无比慨丧。终于有一天，他将诗、散文、草稿等全部付之一炬。他在给故乡朋友的信中，以诗的形式这样写道：

曾经的我以为自己可以凌驾青云，

但至此雄心已烟消雾散。

叱咤风云的英雄，

显赫的名声令我觉悟，

荣耀得来不易；

有感于此，我向往崇高的飞翔，

如同老鹰憧憬太阳，

怀着鲲鹏之志。

但现实中我却如垃圾堆中的虫儿。

扭曲、蠕动着努力向上爬，

更高、再高，
绷紧的神经战栗不安，
终究虫儿还只是虫儿。

遇到良师益友

浮躁与不安是一个有着崇高理想者进发前的心理徘徊，怀有鲲鹏之志的人是不甘于这样学无建树的。歌德对新知识的渴求没有中止，他转向了新的学科，学习生物学、物理学等自然科学，学习绘画和雕刻艺术，他的思想又充实起来。幸运的是，在莱比锡大学，歌德得到了一些良师益友的帮助，让他走出了自己原来的圈子。

高特舍特教授是德国前期启蒙运动的领袖，曾多次担任莱比锡大学校长，他主讲诗学和雄辩学，在文坛上声名显赫，歌德入学半年后就拜访了这位66岁的老者。老教授安慰了歌德的不安与焦虑，引导歌德走上了正确的文学道路，也让歌德的学习生活方式有了转变。

乔治·施罗塞尔是歌德的同乡，年长歌德10岁，大学毕业后先在法兰克福做律师，后来成为有名的符腾堡公爵欧根的私人秘书。他为人正直诚实，博学多才，精通多种外语，有着深厚的文学素养，擅长诗歌创作。他途经莱比锡，给正处于迷茫中的歌德带来一些安慰。在施罗塞尔滞留莱比锡期间，他们经常在一起交流，谈论诗歌，畅谈未来。其间，歌德也认识了施罗塞尔的一些朋友，这些人都是有一定生活经历和学识的，这对歌德的写作产生了有益的影响。歌德对文学艺术的兴趣和热情又高涨起来。

贝里施是伯爵公子的私人教师，30多岁。他精通法文，研究现代语言和外国文学。他的学识和独特个性对歌德影响极大，他经常和歌德切磋诗艺，谈论当时德国作家的作品，他引导歌德不论写文章还是社交都要有规矩要恰当。两人畅谈时恣意笑谈，言语不设防。他还主动为歌德的诗文抄录、配图并装订成册。他对歌德的诗文逐句推敲、斟酌，使得歌德对自己的创作更加严谨，创作激情愈发高涨。

莱比锡大学是德国文学奠基人莱辛的母校。莱辛在歌德出生前3年就进了莱比锡大学。1768年，莱辛又一次来到莱比锡，但是，歌德当时没有认识到莱辛的伟大，他不但不想找机会接近莱辛，反而设法避开了。歌德为此一直后悔。直到"狂飙突进"时期，歌德才进入莱辛的世界。他由衷地说："《爱美丽雅·迦洛蒂》（莱辛的剧本）鼓励着我们青年人，我们十分感谢莱辛。"

在莱比锡求学期间，歌德就接触到了莎士比亚的作品，他最早接触的是《莎翁选粹》，后来看到莎士比亚的剧作，歌德的精神视野大为展开。在一次纪念莎士比亚的讲演中，歌德曾这样热情地说道："我读到他的第一页，就使我一生都属于他了；我读完了第一部，我就像是一个生下来的盲人，一只奇异的手在瞬间使我的双眼看到了光明。……我没有一瞬间的怀疑，去放弃那遵循格律的戏剧。我觉得地点的一致是牢狱般的可怕，行动和时间的一致是我们想象力的枷锁。我跳到自由的空气里，我才感到，我有了手和脚。"

在莱比锡大学，歌德除了在文学创作上得到收获，在研究自然科学和美术史学上也有了收获。

歌德旁听化学和解剖学课，初步了解了一些自然知识。

在美术方面，莱比锡画院的院长奥赛尔先生对歌德产生了深远的影响。奥赛尔先生在教授歌德绘画时并不注重技法的循序渐进、严格精准，而是注重培养他的观察力和审美趣味，了解艺术品的要素。1767年，法国人达根维尔著的《名画家传》在德国面世，歌德很喜欢这部书。奥赛尔对歌德的喜好表示了极大的支持，他搜罗了各种藏画让歌德欣赏，供他进行艺术史的学习和研究。歌德对画家们选取的绘画题材的文学兴趣远大于对绘画艺术手法的兴趣，他常常热衷于为那些画配写诗歌，以至于忘记了自己研究那些作品的初衷。歌德精神倾向和审美趣味得到很大的提升。特别是在美术史学上，奥赛尔向歌德推荐德国艺术史家温克尔曼的著作。当时的温克尔曼声誉如日中天，是古代艺术的发掘家。奥赛尔是他的好友并为他的初期著作画插图。在奥赛尔的指导下，歌德不仅初步了解了温克尔曼的著作和思想，还第一次认识了古希腊的艺术世界。

山区瀑布风光（歌德蚀刻画1768年）

经过这三个方向学业的学习，歌德的审美情趣、理性思考和精神追求都有很大的提升，他对事物认识的综合能力也有了提高。

莱比锡市最著名的奥厄巴克斯·凯勒饭店和这里的浮士德的故事给歌德留下了很深的印象。这里的许多情境都融进了歌德的创作活动中，其中奥厄巴克斯·凯勒饭店成为诗剧《浮士德》第一部中重要的场景，它是全剧中唯一的非虚构的真正存在的地方。

初恋

1766年，歌德收获了他的爱情，这是他的初恋。

歌德在布路尔街的一家小旅馆吃饭时认识了掌柜舍恩科普夫一家，他对掌柜的活泼美艳的女儿安娜·卡塔琳娜一见钟情。

安娜是一个身材匀称的女人，比歌德年长3岁。虽然个子不很高，但有一张圆圆的亲切的脸庞。歌德爱她那坦诚、温柔的表情，率真大方的举止，聪慧明智的思维。由于安娜的母亲是法兰克福人，这多少也让歌德在异乡有了一种亲情的寄托。歌德在自传中写到，她是"一个美丽可爱的女孩，我很喜欢她，可以有机缘来互送友谊的眼波"。为了能天天见到安娜，歌德在这家饭店吃包饭。

年轻的歌德，带着对爱情的美好情感，他写的诗充满了爱。他在散步路过的菩提树干上，刻上心爱的姑娘的名字。他在给朋友穆尔斯的信中写道："我爱上了一个姑娘，她没有地位，没有财产，现在我感到很幸福，真正爱情带来的幸福……她绝不会弃我而去。"

安娜也爱歌德，她对歌德的爱真实而明朗，希望成为他的妻子。两人情投意合，很快坠入爱河。在相爱的日子里，他们经常一起吟诗、排演戏剧，日子过得浪漫而美好。

但是歌德仍然受到等级观念的束缚。随着时间的流逝，理想与现实的矛盾让他的烦恼剧增，况且这个年龄段的歌德情感不稳定，他偶发的小脾气总在伤害着安娜，自己的内心也经受着真爱的煎熬。

1768年3月，恋爱了两年的歌德与安娜友好地分手了。孤独的歌德开始学习铜版画和木刻，他想用这些劳作挤走失恋的悲伤，甚至他有了自虐的行为，以肉体的痛苦来减轻情感上的痛苦。

安娜嫁给了克里斯蒂安·卡尔·康内，后来的莱比锡市副市长。

这就是歌德的初恋。这次恋情进入了歌德的文学生活，他将这次恋爱的经历写成了一本薄薄的诗集。他在诗里发泄着自己内心的痛苦，让烦闷的心渐渐平静下来。其间，他还写下了两个描写爱情的剧本《恋人的情绪》《同谋犯》。《恋人的情绪》描写两对男女疯狂的恋爱；《同谋犯》写一个酒店女郎爱上了一个少年，后来又变心的故事。这都反映出歌德当时的真情实感。

歌德后来经历了10多次恋爱，几乎每一次都进入了他的文学写作中。

这时候的歌德崇拜的是流行的"洛可可"文学，他的文学生活就是从这些辞藻华丽、独出心裁的"洛可可"式开始的，这也是歌德早期诗歌作品的特点。尽管与当时最先进的文学方向不一致，但它却是歌德走进文学创作的真实写照。

1768年7月的一天早上，歌德一觉醒来，突然发现自己满嘴都是血，继而又昏迷了。他病得很重，几个星期卧病在床。朋友们轮流看护着他，陪伴着他度过了那个生死关头。

这次病倒不是偶然的，离家时的忧郁情绪，求学路上的不遂意，爱情上的失落，饮食上的不当，又受了风寒，再加上接触蚀刻铜版画的有毒气体，让歌德的身体迅速垮下来了，脖子的左边长了一个肿瘤。

1768年8月28日，是歌德19岁的生日。歌德收拾起行装，坐着出租的马车离开莱比锡，身心俱疲地向故乡法兰克福奔去。

阁楼养病

在外漂泊的歌德，多少次都在憧憬着回家时的情景。如今，离家近三载的歌德学业未成却拖着病体回到了家，这种落魄的心态让歌德无比内疚。父亲很难接受眼前的一切，这个望子成龙的父亲只得为他请医生看病。

歌德在阁楼的病床上躺了数月，是母亲和妹妹在精心地照料着他。他的病一天天地好了起来。歌德在阁楼卧床养病，有时看看闲书。每当他闭目养神时，眼前就会浮现他昔日的恋人安娜的身影。他被悔恨和痛苦折磨着，他只好用画画、雕刻来打发日子。谁知这样一来又损伤了肺，这一次他几乎丧了命。说起来也有点奇异，正当大家束手无策的时候，一个内科医生凭借自己的经验配制的药挽救了他。这药被叫作"万应灵药"，是一种结晶体，是当时的自然科学与化学和炼金术相融合研制而成的。

病愈后，歌德对炼丹术产生了强烈的兴趣，他开始潜心研读泛神论思想家的著作，并和一些宗教著作加以比较。一些日子下来，歌德对自然科学的研究竟然乐此不疲。他躲在自己的阁楼上，支起了小火炉，夜以继日、废寝忘食地进行着他的试验工作，制造中性盐成了他最快乐的一件事。

1769年2月，歌德在写给莱比锡朋友的信中表达了他对时代的看法及对自然科学日益浓厚的兴趣："我隐居而将自己孤立起来。圆规、纸、笔、墨水以及两册书就是我全部的工具，用最简朴的方法去认识真理，结果比在图书馆中钻研的人成就更大。既是伟大的学者又是哲学家的人凤毛麟角，因为人们总是埋首于书本，而忽略了大自然这本包罗万象的大书，事实上，真理就藏在一切朴实的事物中。"

歌德把研究自然科学看作是在哲学的意义上追求真理，他一生都保持着对自然科学的兴趣。

养病期间，歌德除了研究炼丹术外，还整理了在莱比锡时写的诗和信件。经过这一场重病，歌德对生命和生活有了新的感悟。现在，他看着自己的信件和诗文，顿觉当时自己文笔的幼稚、内容的空洞、热情的空泛。他果断地将那些不入眼的作品付之一炬。

歌德在故乡度过了一年半的康复期，病已经痊愈，他的心情好起来，思维也活跃起来。

1770年3月，歌德乘坐一辆舒适的马车再次离开法兰克福，遵照父亲的意愿向着南方法国的东北部城市斯特拉斯堡驶去，他要继续完成自己的学业。

斯特拉斯堡求学

斯特拉斯堡是法国阿尔萨斯的一个城市，是德法文化交流的中心。地

第一部分 成长

处法国国土的东端，与德国隔莱茵河相望，距法兰克福不到200公里。斯特拉斯堡当时的人口约5万人。

1770年4月2日，歌德来到斯特拉斯堡，被哥特式的建筑所征服。他站在圣堂面前，有一种无可言喻的敬畏感。他看到了建筑艺术巨匠的伟大精神，感受着凌空之姿、巍峨竦立的神奇，这种心灵的触动，有一种启示驻扎在歌德的心里。

斯特拉斯堡大学

歌德在鱼市街找到一个寓所，又通过介绍信拜访了新朋友，找到了他的照应者。很快，他有了一个吃包饭的地方，并在这里认识了一个文学小团体。48岁的法院书记官萨尔兹曼管理着这个团体，他介绍歌德去听考试补习班的课，以便顺利通过考试。

1770年9月20日，歌德参加了博士考试。27日，公布成绩为合格。他顺利地进入斯特拉斯堡大学。

在斯特拉斯堡大学里，歌德继续学习法律，同时选修医学。他学法律是由于父亲的要求。歌德的父亲是一个虚有名衔的皇家顾问官，他希望儿子能在上层社会出人头地。在当时，要想当一名高级行政官，通常要到莱比锡大学学习法律，这是一条捷径。歌德在莱比锡大学没有毕业，父亲希望他在斯特拉斯堡大学继续学习法律，取得博士学位。除此之外，歌德在这里还继续研究哲学、历史、神学和自然科学的问题。

赫尔德的反古典主义美学

在斯特拉斯堡，歌德结识了许多新朋友，其中对他影响最大的是德国的哲学家、文艺理论家赫尔德。

赫尔德，东普鲁士人，1744年8月出生在一个贫穷的小学教员家庭。1762年，18岁的他进入柯尼斯堡大学师从哈曼研读哲学、文学和神学。他喜欢听康德的哲学课，受康德哲学思想的影响极深。1764年担任一所中等学校的教师，同时担任德国信义会牧师，成为一名基督教精神的指导者、传教士。赫尔德研究荷马、莎士比亚、卢梭和英国启蒙哲学，他在神学、哲学、美学、诗学、史学、语言学等领域都取得了卓越成就。

1769年赫尔德前往法国，在旅途中完成《我在1769年的游记》。

1770年9月，赫尔德来到斯特拉斯堡。歌德与赫尔德的相识竟是在旅馆的楼梯上。

这一天，歌德到精灵旅馆去访问一个有名望的外国人。当歌德正要上楼时，突然看到了赫尔德。因为他的文学朋友们经常议论赫尔德的作品，其相貌也总被描述。歌德快速地跟赫尔德打招呼。赫尔德对眼前这个陌生的但看起来很聪明的年轻人很有好感，两人在楼梯台阶上就交谈起来。分手时，歌德恳请去赫尔德的住处进行拜访。

赫尔德比歌德大5岁，当时已经是文坛上的知名人士，歌德对他十分敬慕和崇拜。赫尔德因眼疾需要在斯特拉斯堡进行手术治疗，滞留在斯特拉斯堡有半年的时间。在治疗期间，歌德几乎每天都去拜访他、陪伴他。赫尔德志向远大、才华横溢，而且心地善良，这些优秀的品质深深地吸引着歌德。

赫尔德敏锐地意识到歌德是与众不同的天才，意识到歌德温文尔雅的外表下具有强烈的叛逆精神。他对歌德的幼稚、肤浅和平庸等弱点毫不姑息，甚至不顾自己在歌德心中的形象。歌德在赫尔德毫不客气的批评面前，开始变得小心翼翼起来，他抛却了自己的沾沾自喜和虚荣自负，因为他知道，轻率和忘乎所以的自己在与赫尔德的交往中是不易得到他的认可的。

第一部分 成长

赫尔德引导歌德摆脱了追求形式的写作思路。在赫尔德的指导下，歌德阅读了荷马、莎士比亚的作品，阅读了英国启蒙现实主义作家斯威夫特、菲尔丁、哥尔德斯密斯等人的作品。歌德还接受了荷兰哲学家斯宾诺莎的泛神论思想，并接触到了法国启蒙思想家伏尔泰、卢梭等批判僧侣阶级、封建秩序以及宣扬个性自由的著作。

赫尔德自己的著作《批判之林》《关于近代德意志文学的断想》中所表现出来的反对古典主义美学原则、重视民间文学传统的思想倾向，也深深地影响着歌德。

赫尔德在德国的启蒙文学基础上形成了自己的思想体系，创造了一个属于自己的全新时代，在德国18世纪文学复兴中扮演了极为重要的角色。他是德国"狂飙突进运动"纲领制定者和精神领袖，他倡导作家们要崇尚情感而不要崇尚理智，要求自由和个性解放；提倡复归人的"天然"人性，主张返回"自然"。

在歌德看来，赫尔德任何方式的言论都是意味深远的。赫尔德指出时代文学的发展方向是反封建专制、反对教会的，这对歌德产生了很大的影响，奠定了歌德的反对封建专制的思想基础，点燃了歌德的创作热情，为日后的文学创作明确了方向。

在斯特拉斯堡，歌德的文学潜能就这样被激发了出来，他对事物的认识和见解也更加深刻了。

歌德在自传《诗与真》中写道："我与赫尔德亲近的时候，没有一天不极有成效地得到他的启发。"

歌德在斯特拉斯堡最有意义和收获的事情，当属结识了赫尔德，接受了他的文学思想。

此时，歌德做好了投入"狂飙突进运动"的思想准备。

田园恋歌

歌德这种思想上的变化，也反映在他的恋爱生活中。

歌德看了赫尔德推荐给他的18世纪英国作家奥利弗·哥尔德斯密斯写的感伤主义小说《威克菲尔德牧师传》。他被小说中的情境深深打动，对小说中的人物心存向往。

1770年10月，歌德应朋友之邀，前往斯特拉斯堡近郊的农村塞森海姆，拜访路德派教会一位牧师。他想亲身体验一下小说中的那种田园生活感受。

塞森海姆是斯特拉斯堡城郊的一个宁静的村庄，路程有6个小时。好客的牧师家庭经常接待来此地旅游的人。歌德的这次郊游成就了他最著名的、最浪漫的一次短暂爱情。

牧师和太太有两个女儿和一个儿子。当歌德看见牧师的小女儿时，仿佛看到了"这乡村的田园上空，出现了一颗楚楚可怜的星星"。她穿着一条有缎边的圆筒形的白色裙子，美丽的脚一直到踝子骨都露出来；一件短而白的紧身马甲，一条黑色的薄绸围裙，一条黄金色的辫子，一副自由自在的毫无拘束的神情。歌德跟她交流，感到纯真和美好。

弗里德里克

歌德不可抑制地爱上了这个美丽、纯洁、质朴的姑娘弗里德里克。莱比锡的繁华让歌德对喧嚣热闹的城市生活感到了厌恶，斯特拉斯堡大学繁重的学业让他无比疲惫，如今这恬静的田园景致让他感到无比惬意，这位天使般的姑娘深深地吸引着他。

第一部分 成长

歌德返回斯特拉斯堡大学后，他日夜思念着弗里德里克，忍受着度日如年的煎熬。第三天，歌德就给弗里德里克写信，用诗一样的语言诉说着离开她的心情。爱情的力量激励着歌德，他创作的灵感跃动着，他的抒情作品充满着感情，细腻无比。

这种无尽的幸福感使歌德写诗的兴趣大增，他许久不曾有的灵感此时又回来了。

以后的日子，只要歌德能够抽出时间，就来到牧师家。在牧师家，歌德和弗里德里克形影不离。歌德还帮助牧师对老房设计改建方案和绘制图纸，时间久了，牧师一家对待歌德也如家人般。歌德和弗里德里克的感情快速发展着，很快就坠入了爱河。

1771年5月的一天，两人在田野上漫步。面对大地复苏的春光，看着身边美丽可爱的姑娘，歌德情不自禁，写下了《五月之歌》，因之情真意切，成为传世名篇。

歌德因为爱情创作了一系列诗歌，其中有著名的诗篇《欢送与告别》《野蔷薇》等。

歌德的毕业论文没被通过，这是因为他的毕业论文内容涉及了教会史，被认定不适合作为学士论文发表。但他的论文得到了专家的肯定，认为他将来大有可为，建议他就别的命题再写一篇论文。歌德重新拟定论文，就有关的自然法、继承法等命题进行讨论，最终获得了学位。

这时，歌德已经有半个月没去牧师家了。

塞森海姆牧师之家（歌德绘于1770—1771年）

痴情的姑娘心里装满了歌德，她想到城里看望歌德。恰巧在城里的亲戚邀请牧师一家去城里做客，弗里德里克高兴地同父母及姐姐来到城里。歌德有时间就来陪伴弗里德里克。

也可能是紧张的学习压力，也可能是爱情的狂热令这个理智的人猛醒，歌德感到了这是一场没有结局的恋爱。况且，在城里，置身于城市的建筑和人文环境中，在华丽庄重的帷帘、座钟、瓷器中，仪容华贵的太太、小姐是与环境相配的。弗里德里克的衣着在田园里有着天然的灵动，在城里却如仆人一般。在这忙乱的毕业季，歌德生活在爱情的矛盾与痛苦中。

歌德毕业了，他就要离开斯特拉斯堡了，就要离开心爱的姑娘弗里德里克了。

1771年6月，歌德最后一次前往塞森海姆，他的心情很不安。分别那天，弗里德里克流着眼泪送走了骑着马儿离去的歌德。这段恋爱从初识到分别不到一年的时间，弗里德里克的爱情却几乎陪伴了歌德在斯特拉斯堡大学的学习生涯。

1771年8月，歌德离开了斯特拉斯堡，他带着法学学位回到了故乡法兰克福。

在法兰克福，歌德怀着愧疚的心情给弗里德里克写了一封诀别信。弗里德里克的回信让歌德心痛欲碎。

弗里德里克一直没有结婚，在家乡度过了孤寂的一生。

初登文坛 崇尚莎士比亚

回到故乡的歌德成立了一家律师事务所。此时的他还没有从恋爱的忧伤中走出，内心的负罪感让他苦闷懊恼。他借助交友、旅行和写作来排遣烦恼。歌德的父亲对儿子寄予厚望，看着歌德对事务所的事情不挂在心上，很是无奈，只能默默地帮助打理，好在他了解律师方面的事情。

歌德对文学的热爱不减，他关注莎士比亚的作品，对《哈姆雷特》由衷地热爱，认为戏剧应从情节、时间、地点三者统一的古典模式中解脱出来，主张生活和文学都应该是自然的表现。1771年的10月4日，歌德在莎士比亚的命名日纪念会上，发表一篇演讲《与莎士比亚在一起的日子》，其中提到：

这是自然！是自然！没有比莎士比亚的人物更是自然的了。

我们这些人从童年起在自己身上所感到和在别人身上所看到的都是些束身的带子和矫揉造作的打扮，我们能从哪儿获得对自然的认识呢？我时常在莎士比亚面前感到羞怯。

我认识到，我是一个可怜虫，自然借莎士比亚的嘴说出真理，而我的人物却是些传奇小说中的怪诞幻想所吹出的肥皂泡而已。

歌德公开提出反古典主义文学，要在文学界掀起一场革命，这就是后来的"狂飙突进运动"。

歌德开始收集葛兹·冯·伯利欣根的传记，准备把它写成莎士比亚式的反古典主义戏剧。

歌德本身的生活方式、写作方式与家庭和家乡的风俗不相融合。在他的滑稽剧和讽刺剧中，他经常对当代的作家和作品进行讽讽。这样一来，他在法兰克福的文学圈子里越来越孤立。父亲对他的行为也极为不满。

韦茨拉尔就职 时代的烦恼

1772年5月10日，歌德听从父亲的教谕来到了韦茨拉尔的帝国最高法院。同年5月25日，他开始在帝国最高法院实习。父亲本来对儿子的学业感到满意，为他领取了律师执照，希望他能从此安心这个职业。但青春旺盛的歌德却安静不下来，他本来就不喜欢法律，对事务所的事情采取应付态度，因此来找他的人很少，这样的日子过得既枯燥又无聊。有一次歌德出庭辩护，由于言辞太激烈，受到法官的斥责，这使他对这个职业更是心灰意冷。

这次在帝国最高法院的实习对歌德并非不重要，他对帝国最高法院的情况是很感兴趣的，因为他希望能够从中获得一幅帝国现状的图景，尽管他同时也意识到了自己专业知识的不足。歌德希望有依照进步的、人本主义的裁决和实践，以及有顾及心理和社会因素的法规工作。

韦茨拉尔是个荒凉乏味的城市，23岁的歌德起先只是喜欢郊外的自然风光，但韦茨拉尔却注定了要在他的头脑中留下深刻的记忆。

1772年6月9日，歌德去参加两里地外的福尔佩特豪森舞会，在路上他认识了法官亨利·布胡的大女儿夏绿蒂。夏绿蒂长得并不十分美丽，但活泼可爱，周身散发着青春的气息。她母亲去世后，她就代替母亲尽心尽力抚育她的10个弟妹。歌德就与她以及另外一些同伴同车赶赴舞会。夏绿蒂的未婚夫克斯特纳因事耽误了，正骑着马在后面走。

克斯特纳是韦茨拉尔公使馆的秘书，他头脑聪明，处事稳重，知识渊博。克斯特纳比歌德大几岁，同时也是歌德的朋友。

夏绿蒂比歌德小4岁，她没有过于热烈的感情和超越传统的思想，她有一份淡淡的宁静，注重的是人们对自己的评价以及自己在整体中的位置。

在歌德的眼里，夏绿蒂是一个淡泊不矜持的女子，不爱打扮。但那种"轻盈秀丽的体貌，纯良健全的性格，以及从此派生的蓬勃的生气，对于日常事务处理的才智"的魅力深深地吸引和迷醉了歌德。

那次舞会上，夏绿蒂让歌德着迷，歌德对她一见倾心。

第二天，歌德去她家探访了她。夏绿蒂因为自己已经订婚，与歌德的交往便没有了矜持，只有倾心相处。她也很喜欢跟歌德做伴。从此，歌德

第一部分 成长

几乎天天都来夏绿蒂家，和她的弟弟妹妹在一起。整个一个夏季，农场、牧场、花园到处留下了他们的身影。和夏绿蒂在一起的日子，他感到莫大的难言的幸福。然而，这一开始就注定歌德的爱恋是一场单相思。因为在夏绿蒂心里，她的未婚夫克斯特纳是一个非常正直和可信赖的男子。

刚开始克斯特纳也经常和夏绿蒂、歌德在一起，克斯特纳同歌德保持着友谊。在度过一个晴和美好的夏天以后，歌德深感他们三人的关系日趋紧张和尴尬。夏绿蒂也明确表示只能给歌德以友谊，并且越来越巧妙地与歌德保持着距离。歌德明白自己的爱回到了原点，他陷在感情的困境里难以自拔，他萌发了自杀的念头，他将一把磨好的匕首放在枕头底下，但最终他还是解脱出来了，他的理智占了上风。

歌德决定离开此地，临别前一天，歌德带着迷惘而痛苦的心情来到花园，决定见夏绿蒂最后一面。这次见面不但没有让他安心离开，反而更加深了离别之苦。晚上，他分别给克斯特纳和夏绿蒂写下了一封告别信。

1772年9月11日，歌德离开了韦茨拉尔，回到了法兰克福。

歌德在法兰克福完成了书信体小说《少年维特之烦恼》之后，于1774年8月31日，给夏绿蒂寄去了自己的剪影和这首《致绿蒂》的诗。

亲爱的绿蒂，这儿也写着：

我赠给你我的剪影，

你能看见我长长的鼻子，

高耸的脑门，乞求的嘴唇，

一张肯定十分丑陋的脸——

可是你却看不见我的爱情。

诗中表现出年轻的歌德内心的无限烦恼。他与鄙俗的社会格格不入，他的感伤、他的愤世嫉俗、他的真挚的情感，无不夹杂着对社会的一种批判精神，表露了在重重封建压迫下渴望个性解放的青年一代的心声。

掀起狂飙 创作第一高峰期

1772年9月到1775年是歌德文学创作的第一高峰期，绝大多数"狂飙突进运动"时期的作品如《葛兹·冯·伯利欣根》（1773）、《少年维特之烦恼》（1774）都是这时期写成的，歌德因此成为著名的作家。

歌德回到法兰克福后，任市议会参议员的舅舅找了一些法律上的事务委托歌德办理。为了寻找精神寄托，也是为了让父亲满意，歌德这次把大部分时间都用在了为自己的当事人辩护的事务上。他写的辩护词，他进行的法庭辩护，活脱脱就是一个雄辩家，字里行间更像是一个作家。

实际上，歌德最醉心的事情是他写的剧本初稿《葛兹·冯·伯利欣根》。葛兹凭借自身的力量反抗社会，争取自由的精神，正符合"狂飙突进运动"宗旨，歌德要把这个16世纪的最高贵的德国人的故事传播出去，歌颂他的勇敢正直、不畏强暴、追求自由的精神。

狂飙处女作——《葛兹·冯·伯利欣根》

歌德看了16世纪有名的骑士葛兹写的自传《铁手骑士葛兹》，立刻被这位英雄的形象吸引住了，他随即开始写剧本《葛兹·冯·伯利欣根》。经过几次修改，于1773年发表，这时他24岁。

葛兹本是16世纪的一个没落骑士，他反对贵族和封建割据，同情被压迫者。当时正是德国农民革命战争时期，葛兹以建立一个依靠骑士的皇权为目的，参加了农民起义军，并担任军事指挥。但他与农民军貌合神离，终于又与敌人妥协，被囚在教堂里，直至死去。歌德把历史上的葛兹加以理想化，把他描绘成一个反抗封建诸侯和暴政的英雄，情节上也做了一些改动。

第一部分 成长

葛兹在剧本中是雅克斯特豪森的世袭领主。他刚强正直，见义勇为，对诸侯的专横暴虐十分不满，一生致力于钳制诸侯，除害安良。他的右手在一次战斗中失去，安上了一只铁手，因此他得到了一个称号——"铁手骑士"。诸侯们对葛兹又恨又怕，他们收买了葛兹少年时代的朋友——骑士魏斯林根，让他来反对葛兹。在一次敌我力量悬殊的战斗中，葛兹不幸中计被俘，被囚禁在海尔勃隆。他的妹夫济金根闻讯赶来，将他救了出来。这时，爆发了农民起义。在起义者强制性的要求下，葛兹做了他们的首领。但是身为贵族的葛兹与农民军思想和行动不一致，他只得孤身离开了农民军。农民军内部发生了内讧，被魏斯林根击溃。受伤的葛兹再一次进了监狱，由于他伤势过重，不久就在牢房里死去了。

歌德把葛兹塑造成一个反封建、争自由的英雄。葛兹对诸侯作战，体现了"狂飙突进运动"的反抗精神。该剧本是受莎士比亚作品的影响写成的，剧中人物众多，场面不断变换，在形式上打破了古典戏剧的规律，全剧语言生动，形象鲜明。这个剧本在政治上表现了德国人民渴望自由、渴望国家统一的心情。剧本一出版就风行全国，尤其受到青年人的欢迎，他们争相阅读。年轻的歌德也因此一举驰名全国，成了"狂飙突进运动"的代表人物。

"狂飙突进运动"是18世纪70年代德国文学青年掀起的一次反封建的思想文化运动。它的名称来源于剧作家克林格尔的《狂飙突进》剧本名。聚集在这一运动周围的都是些血气方刚的青年诗人。这些进步青年出于对腐朽现实的不满，崇尚一种躁动的情感："在狂飙中忘怀一切。"《狂飙突进》中的青年主人公维尔德这样说道："让我们发狂大闹，使感情冲动，好像狂风中屋顶上的风标。在粗野的吵闹中我不止一次地感到畅快，心中仿佛觉得轻松。"这批青年作家掀起的文学运动如"狂飙"般势不可当，这种"狂飙式"的热情一度席卷全国。

这个运动的纲领是崇尚自然、推崇人才。作家们也以天才自命，他们要求个性解放，要求民族发展。因此，他们反对封建专制，反对模仿法国文学，要求创造德国自己的民族文化风格。

"狂飙突进运动"大致始于1770年。赫尔德就是这个运动的纲领制定者和理论家。歌德的《葛兹·冯·伯利欣根》可以说是"狂飙突进运动"的第一部杰作。在葛兹身上体现了"狂飙天才"们反封建、反教会的思想和启蒙主义者的人道主义精神。赫尔德由衷地称赞《葛兹·冯·伯利欣根》"有着德国式的力量、深邃和真理"，带给人的是"天国般的欢乐的时辰"。恩格斯称歌德这个剧本是"通过戏剧的形式向一个叛逆者表示哀悼和敬意"。不过，葛兹反抗现实却并不是面向未来，而是回望过去，希望恢复中世纪的神圣罗马帝国，在皇帝统治下成立宗法家长式的联合。因此，他惧怕农民斗争，最终脱离民众，在孤军奋斗中走向了失败。这反映出"狂飙突进运动"的历史局限性。

剧本《葛兹·冯·伯利欣根》在艺术上也很有特色，它冲破了古典主义的"三一律"，整个剧情都自由展开，不受时间和地点的限制。在这个剧本中，竟出现了30多个不同的地点，从吉卜赛人的帐篷到骑士的城堡，从兵营到皇帝的庭园，从森林到牢狱，画面十分广阔。这个剧本具有异乎寻常的德意志的力量、深度和真实，被认为是德国第一部现实主义历史剧。作品突出了铁手骑士葛兹在反抗皇帝和领主统治中所表现出的渴望自由解放的思想情怀，是歌德向一个叛逆者表示哀悼和敬意的杰作。诗人毕尔格尔称歌德为"德国的莎士比亚"。

震惊文坛的书信体小说——《少年维特之烦恼》

离开了心仪的夏绿蒂，歌德最知心的妹妹科纳里娅也出嫁了。歌德的心像被抽空了一般，他痛不欲生。这时，歌德接到了克斯特纳的信。克斯

第一部分 成长

特纳在信中告诉他耶路撒冷于1772年10月底自杀的消息。

耶路撒冷是歌德在莱比锡大学的同学，他爱好英国文学，性格有些内向，在布伦瑞克公使馆当秘书。据说他热恋一个朋友的妻子，因无法实现愿望，又无法排遣内心的情感，便假说要去旅行，借了朋友的手枪，在1772年10月30日的夜里自杀了。他死时穿棕色长靴，身着黄色马裤、青色燕尾服。耶路撒冷自杀前不久还和歌德探究人生的意义。

歌德于1772年11月6—10日短暂地重返韦茨拉尔。

耶路撒冷的自杀，把歌德从痛苦中拉回现实。他以单纯和冷静的态度审视这件事情与自己所经历的类似际遇。没有不受干扰、纯洁自由的创作空间，没有纯净的工作学习环境，没有可触摸的真实情感。社交场合上是一张张戴面具的脸，华丽的外表裹着一颗颗虚伪的心。工作中还要面对公众的挑剔，每天都可能从不同地方冒出说长论短，以及在人群中掀起的流言蜚语。这对创作者来说就是在被毁灭，既做不了一个诚实的人，也还原不了事物的本来面目。虚空的一切，这对一个诗人来讲很是无奈，只有从自己的内心去寻找力量。

想到自己对夏绿蒂纯洁的爱的体验，想到这几年周围工作环境及家庭造成的压抑的心情，种种事情凑在一起，大量的内心情感和压抑的思想，内心积郁到终于爆发，他决定创作《少年维特之烦恼》。

1774年2月，他开始动笔，闭门写作，将自己真切炽热的感情，全部倾注于笔端。经过4个星期的写作，于1774年3月初完稿。故事的情节及主人公维特书信、日记的内容都与歌德给夏绿蒂的信相差无几，只是小说中的维特死了，歌德却活着。

1774年秋，小说《少年维特之烦恼》一经出版，立即引起轰动，这里有太多的不可预知的愁苦和非语言所能表达的苦难，有着太多的深藏于心的愤懑和对凡尘的心灰意冷。小说获得了巨大的成功，并由此引发了感伤主义。

小说一再重印，引发了社会舆论的大讨论，震惊了德国文坛。维特式的黄背心和蓝外套流行开来，有些青年甚至模仿小说中维特的自杀。爱情和死亡似乎不可分离，整个德国社会被小说中的悲观情绪所笼罩。最后，政府不得不禁止这部小说的继续印制和销售。

这部由歌德心血哺育出来的小说，积聚了歌德大量的发自内心的情感和思想。该书出版后，歌德只读过一次，他甚至尽量避免再次读到它。他说："这堆火箭弹足以让我为之深深不安，当初创作这部作品时的病态心理是我所不愿再度体验的。"

《少年维特之烦恼》的出版，在德国文学史上具有划时代的意义，它不仅使年轻的歌德一跃成为享有全欧盛誉的作家，也为德国文学在世界文学领域中争得了一席重要地位。

至于人们茶余饭后常挂嘴边的"维特时代"，歌德认为这与一般世界文化的进程无关，它所涉及的只是个体的生活，人有渴望自由的天性，但生活在一个限制累累的陈腐世界里，人们唯一能做到的就是学会适应。幸福受到阻挠，活动难逃制约，理想遭遇破灭，这些都不是某个特殊时代的缺陷，而是一个普通人的不幸，但正是这种不幸构成了五彩斑斓的人生。如果一个人从来不曾经历过《少年维特之烦恼》中所描写的那个阶段，

维特与绿蒂和阿尔伯特

那么，对于他的人生而言，无疑是一种缺憾。

最激越有力的诗剧——《普罗米修斯》

青年歌德有着充沛的精力和旺盛的创造力。1774年秋，歌德写了一个诗剧《普罗米修斯》，但当时没有完成，只写了普罗米修斯的独白片段——颂诗《普罗米修斯》。

普罗米修斯是希腊神话中的一位造福人类的神。为了帮助人类过上温暖、幸福的生活，从天上盗火给人类送去光明，触怒了众神之父宙斯。普罗米修斯因此受到宙斯的严酷惩罚，但他决不向暴君屈服。

歌德在该剧中塑造了一个不畏强暴、为人类的幸福勇于牺牲自己的普罗米修斯形象，表达了对天神普罗米修斯英雄行为的赞颂、钦佩和感激之情。普罗米修斯对宙斯发出了愤怒的反抗声，显示出不屈的意志和力量：

我不知道太阳底下，诸神啊，

有谁比你们更可怜！

你们全靠着供奉的牺牲

和祈祷的叹息，

养活你们的尊严。

若没有儿童、乞丐

和满怀希望的傻瓜，

你们就会饿死。

歌德以此表示对群神的蔑视，并且指出神之所以能维持统治，全靠人们愚昧的崇拜供奉。在这里，歌德把斗争的矛头指向了德国愚昧落后的封建统治。

《普罗米修斯》一诗，是歌德青年时代即"狂飙突进运动"时期的代表作，它饱含"狂飙突进运动"的热情，体现了启蒙主义的理性力量，是歌德最激越有力的诗剧。诗中的宙斯是封建暴君的象征，而普罗米修斯则是当时反封建制度的"狂飙突进运动"的突进分子，是资产阶级意识自我觉醒的代表。普罗米修斯在高加索的山崖上孤独地反抗着，其生动的形象激励着世界上所有的被压迫、被奴役的人们。

颂诗发表后，引发了莱辛与雅各比的诗学论战，成为当时著名人物之间关系破裂的导火索。

后来，这个剧本在1830年出版。

普罗米修斯让歌德的灵魂受到洗礼。投身"狂飙突进运动"中的歌德还写了许多热情奔放的抒情诗，其中《五月歌》《湖上》等都很著名。在这些诗中，他歌颂生机勃勃的大自然，显示出反对封建束缚的思想倾向。

歌德一生写过2500多首诗，这些诗都是他强烈的思想感情的自然流露，感人肺腑。他还写了文艺理论等不同题材的作品，如《论德意志建筑艺术》《戏剧协奏曲》《牧师的信》等。

忏悔与转折——《史推拉》《克拉维哥》

剧本《史推拉》是歌德忏悔作品之一，讲述的是一个美丽善良的女子史推拉哀婉排恻的爱情悲剧。史推拉在16岁那一年，由于一个偶然的机会，她结识了比她大10多岁的费南多，他们之间很快产生了爱情。但史推拉不曾想到费南多已是有家室的人了。费南多爱史推拉年轻貌美，便瞒着她遗弃了妻子车绮丽和女儿岁西，带着她来到乡间住下来。5年后，费南多不辞而别，这一去就是3年，音信皆无。度日如年的史推拉托人雇了一个少女做伴。被雇的少女与她的母亲沙媚夫人一起来到这里。谁知在沙媚夫人她们到来的同一天，游荡了3年多的费南多也回来了。费南多发现那个叫沙媚的中年妇女就是8年前被他遗弃的妻子。此时，沙媚夫人、史推拉和少女正打算住在一起。在同一场合同一时刻，3位女性明白了她们思念

第一部分 成长

等待的是同一个人。剧情矛盾纠葛缠绕，大段台词表达各人心声。与妻子的重逢使费南多的良心受到震动，他决定抛弃史推拉，与妻子女儿一道远走。史推拉承受不了这个打击，服毒药自尽，悔恨交加的费南多随即也用手枪自杀了。

在这之前，歌德还写了一个剧本《克拉维哥》，也是描写负心男子的忏悔和被弃女子的不幸的。克拉维哥原是一个穷困潦倒的青年，他得到一个富商的养女玛丽亚的帮助，两人之间产生了爱情，克拉维哥发誓要娶玛丽亚为妻。可是他当上了王家史官后，却违背诺言抛弃了玛丽亚，导致玛丽亚的病亡。玛丽亚死后，他又跑到她的灵前表示忏悔，最后丧生在玛丽亚哥哥的剑下。

这两个剧本和《少年维特之烦恼》一样，都是描写不幸的爱情的，但它们的思想意义却有很大的差别。《少年维特之烦恼》表现的是一个时代的烦恼和苦闷。维特的自杀，是对社会的不满和抗议；《史推拉》和《克拉维哥》却只局限于爱情纠葛之中，避开了个性解放的要求与封建现实之间的矛盾。因此，这两个剧本都缺乏深刻的社会内容。

这种不敢面对现实的软弱，这种彷徨的日子，歌德对自己生出一种否定的烦恼。此刻，他对自己的未来有着太多的期盼，他向往着外面的世界，他想离开法兰克福了。

机会终于来了。1775年10月，新婚的卡尔·奥古斯特夫妇路过法兰克福时拜见了歌德。

早在1774年12月，当时17岁的魏玛公国太子卡尔·奥古斯特曾经慕名前来拜会《少年维特之烦恼》的作者，与当时25岁的文坛新星歌德见过一面。两人就莫泽著的《爱国者空想》进行一番讨论，其中引发出一个国家治理者应该关心怎样的社会现实问题。

奥古斯特被歌德的政治、法律、宗教等方面的学识所叹服。分别后的日子里，奥古斯特念念不忘歌德，对歌德的才华很钦佩。这次见面，他真挚地邀请歌德到魏玛公国任职，帮助自己成就一番事业。此时渴望逃离爱情困境的歌德立即应允了。

第二部分 走进魏玛 走上政坛

人要是不那么死心眼，不那么执着地去追忆往昔的不幸，会更多地考虑如何对现时处境泰然处之，那么人的苦楚就会小得多。

1. 中期创作：魏玛时期（1775—1805）

魏玛是1741年建立的萨克森－魏玛－艾森纳赫公国的首府。早期的萨克森－魏玛和萨克森－艾森纳赫都是韦廷家族在图林根的若干邦国之一。1741年，萨克森－艾森纳赫公爵威廉·亨利去世，萨克森－艾森纳赫绝嗣，并入萨克森－魏玛。这个公国是当时德意志民族神圣罗马帝国的300多个邦国中最小的邦国，面积只有34平方英里（约合55平方公里），人口不过11万，站在全国唯一的高大建筑物——宫廷的阳台上，就可以俯瞰全国。

在奥古斯特公爵（1757—1828）即位前，魏玛公国由他的母亲统治。1775年9月，母亲禅位给刚满18岁的长子卡尔·奥古斯特。当时公爵在母亲的摄政下要将魏玛建设成文学与艺术的殿堂，所以他礼聘各方优秀的人才。

奥古斯特的宏伟规划深深地吸引着歌德、席勒、维兰德等著名文学家。后来，这些文学家先后来到魏玛，将魏玛建设成了世界文化名城。魏玛被称为"德国精神的故乡"。

魏玛公爵卡尔·奥古斯特

卡尔·奥古斯特公爵特意邀请在文坛初露才华的歌德担任大臣。1775年，年仅26岁的歌德来到魏玛，在这里一直生活到1832年逝世。他的非凡才华，为魏玛开创了文化上的黄金时代。

魏玛最初10年 走上政治舞台

1775—1786年，歌德在魏玛期间的最初10年得到了奥古斯特公爵为他提供的政治舞台，有了一试身手的机会，这对歌德来说具有着重大的意义。歌德从此开始走上了参政议政的政治舞台。

歌德的一生大多是在魏玛度过的，魏玛在歌德的生命历程中是至关重要的，歌德与魏玛的古典主义皆载入了文学史册。歌德在1823年9月15日这样对朋友说："如果你有一颗向往外面世界的心，魏玛的每一道大门和每一条街道都与世界相连。"

1775年11月7日，歌德在内侍总管封·卡尔布陪同下，到达了魏玛。这时的奥古斯特公爵18岁，歌德年长他10岁，但两人相处得十分融洽，他们谈艺术、自然或者其他的事。他们常常就某一个问题讨论到深夜，然后就在沙发上睡着了。3个月来，他们经常去户外骑马、狩猎、爬山。晚上就搭帐篷，露宿野地。其间，歌德了解了魏玛宫廷的情况，也了解了教师维兰德及首相弗里奇等宫廷大员的近况。

歌德来到魏玛做的第一件事就是举荐他的密友赫尔德来魏玛共事。在歌德的大力推荐下，赫尔德在1776年2月来魏玛担任宫廷牧师及掌管教育和宗教事务的总监察。

1776年6月11日，歌德就被任命为魏玛宫廷的枢密官顾问，走上了参政的道路，当然也就陷入了宫廷和政治纠纷中。以后他又担任了宰相职务。这标志着他脱离"狂飙突进运动"，也标志着他用自然形式表达充沛情感的青年时代的结束。

枢密院是公爵领导下的最高权力机关，行使着行政管理和司法方面的

第二部分 走进魏玛 走上政坛

职能。歌德作为宫廷大臣，每天都要出席各种会议。他主持外交，开发森林和矿山，整顿财务，管理交通，主持军政，办理兵役，兴办学校、剧院等事务。歌德管辖的范围越来越广，精力也很充沛。由于歌德的勤奋工作且管理有方，魏玛公国的各个领域有了均衡发展，歌德于1782年被擢升为贵族。

父亲一直不赞同歌德去魏玛做官，并竭力加以阻挠。歌德不再服从父命，他要依靠所谓"开明君主"来达到资产阶级改良主义的目的。这与歌德的气质、精力及现实生活都有关系，也是他寻求与现实妥协的一种表现。恩格斯曾对歌德这种有时敌视、反对，有时亲近、迁就德国社会的态度做过深刻的分析和论述："在他心中经常进行着天才诗人和法兰克福市议员的谨慎的儿子、可敬的魏玛的枢密顾问之间的斗争，前者厌恶周围环境的鄙俗气，而后者却不得不对这种鄙俗气妥协、迁就。因此，歌德有时非常伟大，有时极为渺小；有时是叛逆的、爱嘲笑的、鄙视世界的天才，有时则是谨小慎微、事事知足、胸襟狭隘的庸人。"

魏玛公爵出于虚荣，很看重文学艺术，对歌德恩宠备至，言听计从。歌德在这里有了舒适的住所，成了宫廷中炙手可热的人物。他孜孜不倦地从事各种工作，有时，他也与年轻放纵的公爵一道打猎，作即兴诗，参加宫廷节庆和奇装舞会。他对自己繁忙的工作很满意，他说："现在我将自己浸溺在事业里，事业的压迫对于一个人的灵魂是有益的。在事情做完后，一个人可以觉得更多的精神上的自由和生活的享受。终日无所事事，常使人苦闷难堪，最好的禀赋对他也要因此变成尘埃灰垢了。"

在这期间，由于实际工作的需要，歌德对自然科学的兴趣更浓了，他从歌颂自然转为研究自然。他走进了植物学、气象学、解剖学、光学等领域，做了大量的实验，写了大量的文章，在一些领域里还有他独创的成就。歌德在光学领域里与牛顿较量了一番，他反驳光的折射理论，认为所有的颜色都是由两种原色，即黑色和白色组成的。有一次，歌德赠给黑格尔一个用波希米亚玻璃做成的黄色酒杯，里面镶嵌着黑色丝织品，当阳光照到酒杯上的时候，玻璃就呈现出一种蓝颜色。歌德用这个向黑格尔证明他的颜色学说的正确性。1784年歌德在人类的颔骨旁发现了腭间骨。虽然法国解剖学家维克达齐尔在此之前4年就已经发现，但歌德是在自己不知情的情况下独立完成的。

歌德来到魏玛的最初10年，是歌德创作上的沉默时期，他的文学创作趋于停滞。无数琐碎的政务和浮华的宫廷生活耗费了他的精力，他甚至将计划中的重要文学创作都基本搁置下来，只写了一些诗歌和供宫廷在庆祝活动时演出的剧本。维兰德曾惋惜地说："假如他不让他自己来到我们这里，他那光彩的智慧，将要有更多的成就呢！"这10年，是歌德从"狂飙"转入"古典"主义的过渡时期。"狂飙突进运动"由于没有明确的政治纲领，这时也低落下去了。歌德开始寻求一种与现实妥协的、比较实际的、冷静的生活态度。

这期间，歌德的作品有1777年开始创作的长篇小说《威廉·麦斯特的学习时代》、1779年创作的戏剧《伊菲格涅亚在陶里斯》，但都没有完成。

歌德的园林屋

歌德来到魏玛的第一个住所，是在城外东南郊的园林屋，坐落在伊尔姆河畔不远的玫瑰山麓。他来到魏玛后，发现了城郊这所近于坍塌的荒废小屋。在魏玛公爵的资助下，于1776年4月花600塔勒（歌德当大臣时年俸1200塔勒）把房子买下，并整修起来。歌德在园子里种果树、开花坛、辟菜园，将这栋老屋建成一座舒适宜人的园林屋。歌德在此居住了6年，1782年他搬到城里了，但还是经常到乡间园林来消夏，小屋成了他的别墅。

园林屋是座两层小楼，底层有客厅和厨房，楼上是书房和卧室。歌

第二部分 走进魏玛 走上政坛

德在园林屋居住期间，除忙于公务外，开始了长篇小说《威廉·迈斯特》和剧本《托夸多·塔索》的写作。

《威廉·迈斯特》是与《浮士德》相提并论的名著。分为《学习时代》和《漫游时代》两部，歌德用了50年的时间

歌德的园林屋

才完成。这部小说描写了迈斯特对人生意义的追求和18世纪的德国社会面貌。

剧本《托夸多·塔索》描写意大利文艺复兴时期的诗人塔索（1544—1595）虽然被费拉拉公爵赏识，而在宫廷的现实生活面前却感到苦闷，这也反映了歌德在魏玛宫廷里参政的矛盾心情。

歌德此时结识了老公爵夫人的宫女夏绿蒂·冯·施泰因夫人（1742—1827）。两人的友爱持续了很久，歌德为她写了800多封书信。

歌德在园林屋画过不少画作，写下一些优美的诗篇，如《无休止的爱》《猎人的晚歌》和《对月》。《对月》是歌德抒情诗中最高的杰作，被称为"最美的月光诗"。舒伯特等音乐家还为这首诗配过曲。诗中歌德把对夏绿蒂·冯·施泰因夫人的感情和对园林屋自然环境的热爱融合在了一起，诗是这样开头的：

你又把幽谷密林

注满了雾光，

你又把我的心灵

再一次解放；

你用慰藉的目光
注视着我的园邸，
就像知友的眼光
怜惜我的遭遇。

诗中的幽谷密林，就是指风景美丽的伊尔姆河谷，而园邸就是指歌德所住的园林屋。

夏绿蒂·冯·施泰因夫人

1776年2月，歌德刚到魏玛不久，就在卡尔·奥古斯特的陪同下认识了夏绿蒂·冯·施泰因夫人。

施泰因夫人比歌德大7岁，生于1742年12月25日。她身材不高，有一头黑亮的头发，说话轻声细语。她的父亲是魏玛宫廷的礼部官长，她在严酷冰冷的家庭环境中长大，自幼接受加尔文教派的教育，行为规矩严谨，有很强的自我克制能力。

16岁时，施泰因夫人在卡尔·奥古斯特母亲的宫廷里做了一名宫廷女官。22岁的她嫁给了魏玛宫廷的御马司总管约西亚斯·冯·施泰因男爵，生了7个子女，有4个天折。她丈夫追随侍奉公爵，她和子女们安分地蛰居在房间里。

沉静的施泰因夫人虽然不算美丽，却另有一番风韵。她对歌德无微不至的关怀，显出年长女性的温柔贤惠，让歌德年轻飞扬的心在现实中冷静下来。歌德深爱施泰因夫人，而她又是比他年长的有夫之妇，两人都有丰富的阅历和人生的经验，因此，他们之间的爱不像歌德以前同女友之间的爱情那么纯洁、热烈，而是富有理智和冷静。

施泰因夫人对歌德的生活和事业都有一定的影响。她在宫廷有10多年的生活经历，而歌德刚进入宫廷，尽管他的头脑中充满智慧，但仍需要

第二部分 走进魏玛 走上政坛

施泰因夫人的指导和支持。可以说，歌德在魏玛的头10年，施泰因夫人成了歌德全部事业的生活的顾问。

施泰因夫人天生就有一种安详、宁静的气质，她能将爱慕她的歌德吸引在自己的身边又能与之保持住纯洁的友谊。在1776年2月，歌德曾如此自白道："施泰因夫人的心底是善良而伟大的，如此地形容她是最恰当不过了，我深深地被她吸引，迷失在她美丽的灵魂中。"

施泰因夫人了解歌德的全部秉性，知道他思想的单纯和内心世界的宏大。歌德不得不这样认为："施泰因夫人对于我的意义，恰好可以说明一种轮回的命运。也许前世我们是夫妻或姐弟，而今世我们只能做朋友了。"这一段友谊对歌德初到魏玛的工作和生活有着莫大的帮助，他写了这样一首充满思念和奇妙的诗：

你宁静了我腾跃的血，

指正了我狂野迷惑的行程，

在你的安琪儿的臂里，

我碎裂的心胸重新振起。

但是，随着岁月的流逝，歌德终于发现他的天才被庸俗的事务埋没了，他的文学创作几乎停顿。他认识到诗人和政治家的不可并存。宫廷中人们的虚伪和角斗也使他感到了厌恶，他还要经常花费时间去调解公爵与他夫人之间的纷争，歌德陷入了苦闷之中。

为了摆脱这种境地，歌德向公爵请长假去意大利旅行。幸蒙恩准，并得到旅游经费。

在1786年9月3日凌晨3时，歌德化名菲利普·米勒，乘一辆马车悄悄离开魏玛，到他心驰神往的意大利旅行去了。

意大利之行

歌德扮成商人，坐着马车，一路向南。1786年9月6日，歌德到达慕尼黑，这是通往南欧的大门。9月8日晚，他翻过奥地利的布伦纳山口，踏上了意大利国土。

游览意大利是歌德多年的凤愿。他的天性崇拜伟大、壮观和自然，他醉心于古典艺术。意大利的阳光驱散了歌德在魏玛宫廷中的烦恼，意大利美丽优雅的边境小镇让歌德的心情无比放松。他一路上的心情，就像一个虔诚的信徒，为了心中的信念，四海为家，无比快乐。

维罗纳城

《圣母子升座和圣徒们》

9月17日，歌德在维罗纳城参观了几座画廊。古典艺术的魅力，令他深深叹服。在帕多瓦的隐士教堂，他欣赏了15世纪帕多瓦画派大师曼特尼亚的油画以及威尼斯画派大师提香的作品。

曼特尼亚为维罗纳城的圣齐诺教堂制作了一套重要的祭坛画。这套三联祭坛画中间的一幅就是《圣母子升座和圣徒们》。该画镶在雕刻华丽的涂金木龛中，它的拱形山墙由4根科林斯柱式的柱子支撑。中央的圣母坐在古典式的大理石座上，她的头后有一个很大的石轮，有一种神圣光环的感觉。两旁的镶板上站着8位圣徒，有的在沉思，有的在谈话。这幅祭坛画，以其鲜艳的色彩、鲜明的造型开创了北意大利栩栩如生的祭坛画之先河，对16世纪的绘画产生深远的影响。

从这些精致的画面里，歌德感到了一种强烈的、肯定的现实感，感受到了健壮的、纯粹的、光明的生活。歌德绘画的天性，在此时被激发出来，他激动不已，决定不负此行，在绘画上要有所成就。

威尼斯，水上岛城

9月28日，歌德到达世界闻名的水城威尼斯。他异常兴奋地写道："我第一次望见威尼斯，不一会儿就要进入这个奇妙的岛屿，这个海狸之国。谢天谢地，对我来说，威尼斯终于不再是一个名词，不再是一个空洞的名字……"

歌德在威尼斯停留了两个星期，乘坐了著名的"贡多拉"浏览了这座水城。教堂、戏院、雕塑无一不引起他的感慨，特别是看到威尼斯的城徽飞狮、圣马可广场和圣马可教堂，歌德被这座历史名城的厚重史实所打动，对圣马可的功绩由衷地赞叹。他还参加天主教大弥撒，旁听案件的公开审理，了解了当地的风土人情。威尼斯这个集自然美和创造美的城市深深地印在了歌德的脑海中。

接着歌德游历了佛罗伦萨等地，最后直奔罗马。

罗马，艺术之都

10月29日，歌德终于在万灵节前两天到达了他朝思暮想、久久向往的"世界京都"罗马。他在《意大利游记》中记叙了他到达罗马时的激动心情，他写道："啊！我终于到达了这个世界的大都市。""现在我到了这里，总算一块石头落了地，似乎可以慰我平生了。因为这大概可以说关系到我新的生命。"

歌德在这里找到了他青年时代的种种梦想，想起了他的父亲将罗马的风景画挂在家中前厅的情景。现在，那些油画、钢刻、木雕、石膏像等全都呈现在眼前，栩栩如生。这一切亲切而又新奇。

歌德把进入罗马的那天当作自己的第二个生日。罗马明媚的风光留住了歌德的脚步，这次，他在罗马停留长达4个月。

意大利是一个有着古老文明和繁荣历史的国家，它的历史和文化经时间的沉淀而愈发厚重。那雄伟壮观的古罗马建筑的遗迹，耸入云天的中世纪哥特式大教堂，丰富多彩的文艺复兴时期的油画和雕塑，以及当时和谐优雅的古典主义悲剧，都深深地吸引了歌德，令他赞叹不已。他在那里第一次被古代艺术纯朴典雅的风格所打动。

这时的歌德没有了政务的烦恼，也没有了宫廷的拘泥礼节和呆板服装的束缚，他已不再是那个神情严肃、心情抑郁的枢密大臣歌德了，而是一个默默无闻地走在大街上的异国画家菲利普·米勒。在文学上，歌德可谓功成名就；在绘画上，他始终没有达到自己渴望的高度。但是绘画对他有着莫大的诱惑力。

歌德住在德国画家约翰·海因利希·威廉·梯施拜因的住处。歌德的生活很简朴，他要求梯施拜因给他最普通的食品和小得不能再小的房间，只要能够睡觉和毫无干扰地进行工作就行，他只想集中精力使自己的绘画水平得到提高。每天早上9点前，他写《伊菲格涅亚在陶里斯》，然后去博物馆或者宫殿参观艺术品。歌德身上已经没有了贵族的习气，他在街头吃简单的饭菜，和大街上的人随意聊天。但他和那些大人物不来往，除了艺术家谁也不接待，哪家也不去。不过，没过多久，他的真实身份就暴露了，人们知道了他是闻名欧洲的大作家歌德。

歌德小时候就观赏过父亲及其朋友们收藏的一些绘画作品。10岁时，酷爱绘画的法国驻军的托兰伯爵驻扎在歌德的家里，给歌德带来了很多接触名画和见到一些著名画家的机会。在莱比锡大学时，他曾经跟画院的院长奥赛尔先生学习绘画，阅读了艺术史家温克尔曼的美术史著作，还掌握了铜版画的蚀刻技术。现在，他把

1786年，歌德在意大利

大部分时间都用在学习了解和观察上，他与画家朋友探讨名画的画法画技，欣赏古建筑遗迹和博物馆的藏画。他开始了临摹、写生的绘画生活。

在意大利期间，歌德画了上千幅画。那些山川、古迹、人物、狂欢节等皆成为他绘画的素材。他还学习雕塑，成功地雕塑了一尊罗马神话人物头像，他还能鉴定各种各样的古希腊雕塑所属年代。他研究古代建筑，对古典风格的建筑物怦然心动。

崇尚自然 新古典主义思想形成

1787年2月，歌德离开罗马前往意大利南部，到了那不勒斯，登上了维苏威火山。他细心地观察火山熔岩的流动，还找到了熔岩的样品。火山下的庞贝古城，是一个木乃伊化的遗迹，他在其中默默地感受着古人的思想和美感。

1787年4月2日，歌德和那不勒斯学院教授、法国水彩画家克利斯朱夫·海因里希·克尼普一起前往西西里岛，参观了"原始植物"棕榈树，发现了植物生长及组织的秘密，认为植物进化的规律可以适用于一切具有

生命的生物。这让他对荷马的《奥德赛》有了新的理解，他要写出一部荷马式的古典剧。

1787年6月，歌德从意大利南部返回罗马，在这儿他停留了一年。他专心研究自然科学，从事绘画和文学创作，创作了剧本《伊菲格涅亚在陶里斯》和《哀格蒙特》等作品，还写了诗剧《托夸多·塔索》和《浮士德》部分章节。

一年来，歌德研究了希腊、罗马的古典艺术，接受了温克尔曼的艺术观点，形成了新古典主义文艺思想。在和煦的阳光下，歌德重读荷马古诗，观赏文物古迹，专心研究古代艺术。他得出一条结论：艺术应当挖掘人的内心世界，从那里寻找人类的美、善和正义的理想。由此逐渐形成了他以"完美人性"去教育人、去改变现实的观点。这些观点体现在他的创作中。

无韵诗《哀格蒙特》《伊菲格涅亚在陶里斯》

在意大利，歌德完成了两个剧本《哀格蒙特》和《伊菲格涅亚在陶里斯》。这两个剧本和后来回魏玛后写就的诗剧《托夸多·塔索》起先都是用的散文体，但在最后定本时都改成了无韵诗体，从中也能看出歌德这时的古典主义倾向。

《哀格蒙特》

历史剧《哀格蒙特》于1775年开始写作，1787年9月初在罗马定稿，写了12年。当歌德完成这部一再拖延的作品时，心情是激动的。9月5日清晨，他给朋友的信中表达了自己的心情，信中说："这是一个节日的清晨，因为今天《哀格蒙特》算是真正写完了。"

《哀格蒙特》被收集在《歌德著作集》第五卷，于1788年复活节出版。

《哀格蒙特》描写的是16世纪尼德兰人民为了争取宗教信仰自由、

反抗西班牙的侵略而发生的暴动和起义。哀格蒙特（1522—1568）是一个历史人物，他是尼德兰的一个贵族，是尼德兰民族利益的一个代表。他同情人民，反对外来侵略者，他襟怀坦荡、豪侠尚义、武艺精通，是深受民众爱戴的抗暴民族英雄。同时，他身为贵族，又害怕暴力革命，极力主张妥协退让，幻想用合法的手段争取自由。他过分相信统治者，认为统治者不可能做卑劣的事情。他告诫群众"好好在家守着，不要在街上聚众滋事"，由此导致了这位自由战士的悲剧，最终掉进敌人的圈套，被西班牙总督阿尔巴公爵杀害。哀格蒙特被捕后，他的妻子克蕾尔欣曾呼吁市民起义，想把丈夫救出来，但起义没有成功，她最终服毒自杀了。哀格蒙特和葛兹一样，虽然具有人道主义思想，渴望自由，但却把斗争的目的放在建立一个"开明君主制"的王朝上。他的立场不是站在人民一边，而是动摇于人民与皇帝之间，最后只能在妥协中归于灭亡。剧中还有一个人物奥兰斯基，他是哀格蒙特的朋友，主张积极斗争，反对哀格蒙特的妥协态度。但是歌德的立场却明显地倾向于哀格蒙特。这种创作思想上的偏祖，说明魏玛宫廷的政治生活在歌德身上留下的烙印，它主导了歌德世界观中的妥协倾向。由于这个剧本的写作开始于1775年，主人公哀格蒙特壮烈牺牲的结局表明作品仍然充满了"狂飙突进运动"时代的叛逆精神，也反映出诗人日渐加深的人道主义思想。因此，《哀格蒙特》可以说是《葛兹·冯·伯利欣根》的姊妹篇。

《伊菲格涅亚在陶里斯》

早在1779年2月3日，卡尔·奥古斯特公爵的夫人生了一个女孩，按惯例宫廷要有一场庆祝活动。公爵委托歌德创作剧本。2月14日歌德开始写作《伊菲格涅亚在陶里斯》，当时使用的是散文形式。3月28日完成。实际上，这个剧本在1776年就开始构思了，1786年，歌德在意大利旅行期间又将其改写成五步抑扬格诗剧，到1787年1月13日才定稿，并把它寄回了德国。6月，剧本被收集在《歌德著作集》第三卷，1788年6月在《歌德著作集》第三卷中发表。

《伊菲格涅亚在陶里斯》这个剧本取材于古希腊神话故事。古希腊悲剧家欧里庇得斯曾以这个故事为素材写过一个剧本《伊菲格涅亚在陶洛人里》，但歌德的《伊菲格涅亚在陶里斯》在结尾处做了很大的改动，赋予了其深刻的人道主义内涵。

欧里庇得斯的剧本《伊菲格涅亚在陶洛人里》的故事情节如下：伊菲格涅亚是希腊密刻奈王阿加门农的女儿。阿加门农统率希腊联军远征去攻打特洛亚时，在海上遇上了大风，为求神保佑全军安全，阿加门农许愿将女儿伊菲格涅亚带到狩猎女神狄安娜前献祭。女神可怜伊菲格涅亚，将她救了出来，并驾云将她带到陶里斯岛，让她做了岛上神庙的女祭司。阿加门农征服了特洛亚，班师回国，发现妻子与情夫同居。阿加门农被其妻和姘夫杀害。他的儿子奥得斯特得知后，为了给父亲报仇，杀死了母亲，于是犯下了弑母的大罪，因而被4个复仇女神追捕。根据阿波罗神的神谕，只要他到陶里斯岛上把狩猎女神狄安娜的神像盗出带回希腊就能免除复仇女神的追捕。奥得斯特和他的一个朋友同去该岛神庙。他们一上岛就被岛上的居民捉住了。陶里斯岛上有一个惯例：凡是从海上来该岛的外邦男子，都要送到神庙里杀死献祭。奥得斯特和他的朋友因此也被送进了神庙。女祭司恰好是奥得斯特的姐姐伊菲格涅亚，她不忍心看着弟弟被杀，决心要救出他们。于是，她就对国王托阿斯说，这两个罪人的手已经亵渎了神像，在祭神之前必须先让她领着罪人将神像带到海边去洗干净。国王一直很信任她，便同意了。他们到了海边，就乘上船扬帆而去。这样，伊菲格涅亚救出了弟弟，帮助他盗出了狄安娜神像。

这故事在歌德的剧本中，剧情和人物形象都有了改变。剧中的伊菲格

第二部分 走进魏玛 走上政坛

涅亚是人类真善美的化身。

希腊阿加门农国王将女儿伊菲格涅亚献祭给女神，女神将伊菲格涅亚带到陶里斯岛做女祭司。伊菲格涅亚来到这远离家乡的陶里斯岛上时，岛上还保留着原始的杀人祭神的野蛮风俗，她所接触到的也都是些没有开化的野人。伊菲格涅亚是一个品格高尚的女子，在这荒岛上，她竭力以自身为榜样来做教化工作，促使国王废除了杀人祭神的恶俗。不久，王子在一次战争中不幸战死了，岛上的居民声言，这是由于废除了旧俗，触犯了神明造成的。同时，王子死后，王位的继承问题也没有着落。于是，国王便向伊菲格涅亚提出要她做自己的妻子，否则就要恢复旧俗。伊菲格涅亚对国王说，自己是女祭司，已经把自己许给神了，不能够再与凡人结婚。她还说，她的种族是有罪孽的，要是国王和自己结了婚，国王及他的国家就会受到神的惩罚。国王也没有办法，就把旧俗恢复了，让她去把刚刚捉到的两个外邦人献祭。这两个人就是来盗神像的奥得斯特和他的朋友。奥得斯特见到她后，将自己来岛上的原委告诉了她。伊菲格涅亚也向他说出了自己的身份。奥得斯特听了很惊慌，认为姐姐是一定不会饶恕自己的。但伊菲格涅亚对他说，只要他能够悔过自新，她就祈祷上苍宽恕他。伊菲格涅亚去国王那里，讲出事情的全部真相。她与国王辩之以理，以坦诚高贵的人格和纯真的感情感化了这个野蛮的国王，消释了一切疑团，平息了国王心中的怒气。她再三请求国王的宽宥。国王被她的诚实正直所感动，说："好，去吧！""祝你们安好！"他们三人就返回故乡去了。

在欧里庇得斯的剧本里，国王十分凶残，伊菲格涅亚是靠智慧和计谋逃出去的；在歌德的剧本中，国王虽野蛮却也有人性，在"完美人性"的化身伊菲格涅亚的感化下，终于变得"宽厚而仁慈"了。这种用"完美人性"来教育人改造社会的思想，就是当时歌德的政治主张。

剧本《伊菲格涅亚在陶里斯》是用严格的古典主义形式写的，它与莱辛的《智者纳旦》、席勒的《唐·卡罗斯》被称为宣扬人道主义的三部杰作。和《哀格蒙特》比较起来，这部作品中妥协的主题表现得更清晰了。但伊菲格涅亚最后还是离开了那野蛮的国土，这也反映了歌德自己在魏玛宫廷的感受以及悄然离去的心情。

歌德在这个时期的第三部作品《托夸多·塔索》，开始创作于去意大利之前，修改于意大利旅途之中，完成于返回魏玛之后。虽是在回魏玛后完成的，但在意大利时就已基本定型了。歌德在意大利期间还创作了《浮士德》中的《魔女之厨》《林窟》等部分章节和场次。

歌德还是一位画家，更准确地说，是一位有相当造诣的画家。在罗马，歌德生活在一群青年画家中间，他们互相切磋画技。在名师的指导下，他专注地学习绘画、写生和临摹。在绘画艺术这条道路上，他执着地践行着自己少年时的理想。他的绘画作品有2700幅之多，这其中绝大多数是风景画，也包括他进行科学研究时所绘下的画图以及他对人体进行的临摹等。

歌德的天性极其活跃，求知欲非常旺盛。他探索知识的精神触角伸向了社会的各个领域，他利用各种方式和手段认识外部世界。他的智慧，他的勤奋，他那深邃的目光、敏锐的感觉，使他在不同领域里，特别是在文学创作上做出了巨大的贡献。的确，当时像歌德这样对文学艺术和科学的许多领域都有广泛的兴趣，并致力研究的人，还微乎其微。不久，歌德便以博学多才而闻名遐迩了。

歌德在意大利旅居了1年零9个月，他的创作激情在这里复苏。歌德不虚此行，不仅完成了两个剧本，更重要的是精神方面的收获。他转变了自己的人生观、世界观和艺术观，他从"狂飙突进运动"诗人变成一个推崇古希腊、古罗马艺术的完美与和谐的诗人。《哀格蒙特》是歌德从"狂飙突进运动"中的反抗走向妥协主题的过渡作品，《伊菲格涅亚在陶里斯》是歌德从"狂飙突进运动"转入"古典"主义初期的代表作。

歌德"革命"的锐气削弱了，但艺术更成熟了。在意大利，他写了大量的日记和信件，后来这些被整理成《意大利游记》。

歌德没有忘记自己的身份，身为魏玛的重臣，他经常给卡尔公爵写信报告行踪，一是获得假期的延续，二是继续获得宫廷的薪俸。

歌德于1788年3月17日收到了赫尔德催他回国的信。1788年4月22日，歌德痛苦地离开了罗马，带着他在这期间绘制的近千幅画，经由瑞士，于6月回到魏玛。

意大利之行是歌德人生旅途上重要的里程碑，是他一生中最幸福的时光。在回程途中，他完成了《托夸多·塔索》第五章最后一场。

他又将以枢密官顾问和诗人的身份出现在魏玛了。

再回魏玛

歌德于1788年4月22日从罗马启程，到6月18日抵达了阔别近两年的魏玛。从晴朗的南国回到阴沉的北国，从梦中回到现实，歌德心中的感触是很多的。在意大利时，歌德的工资由他的仆人代领并寄给歌德。为此，魏玛宫廷里的人们对歌德议论纷纷，不少人对公爵给歌德的待遇极为嫉妒和不满。歌德对此知道一些。回国后，他切身感受到了鄙陋、险恶的工作环境和趋炎附势人们的嘴脸，感受到了包括施泰因夫人在内的魏玛宫廷对他归来的冷淡态度，感觉到这儿已经不需要自己了。

魏玛歌德故居

他日渐烦闷与孤独，陷入了深深的苦恼中。

奥古斯特给了歌德充分的自由和信任，保留了歌德枢密院成员的身份，让他担任艺术与科学事务总监，致力于文艺创作和科学研究，主管高校、剧院、图书馆和科学研究机构。

歌德脱下了政治家的外衣，决心将魏玛变成第二个佛罗伦萨。他聘请了在罗马结识的画家约翰·海因利希·迈耶尔来魏玛做他的艺术顾问，起用了一批对艺术有崇高追求和美学理想的新人为耶拿大学教授。在歌德的朋友圈子中，有学者、画家、自然科学家，他们云集耶拿大学，整个大学的学术氛围和艺术风貌有了极大的改观。

1790年3月到6月间，歌德再度去威尼斯旅行，写就了103首的《威尼斯警句》。

歌德自己也在进行科学研究。对色彩学、光学、骨学、矿物学、植物学的研究成了他日常活动的重要内容。1790年，他出版了《植物的蜕变》。这阶段，他对自然科学的兴趣已经胜过了文学。

1791年，歌德和耶拿大学的一些教授一起开办了魏玛宫廷剧院，他当经理，从此他领导魏玛宫廷剧院长达27年之久。

走进婚姻

伊尔姆河畔公园位于魏玛老城边上，沿伊尔姆河长约千米，直到贝尔迪亚宫和提尔福特宫。公园占地面积达48公顷，是一个充满古典和后古典主义、罗马主义风格特色的公园，园内处处充满诗情画意。

1788年7月12日，歌德在伊尔姆河畔魏玛公园里散步，迎面走来一个长着栗色鬈发的少女。这个姑娘看上去20岁左右，身穿一件很普通的连衣裙，光滑的皮肤、红润的脸庞透露出青春的活力。姑娘向他提交一份她哥哥的工作申请书，请求作家帮忙。

第二部分 走进魏玛 走上政坛

这个少女名字是克里斯蒂安娜·符尔皮乌斯（1765—1816），23岁，是绢花厂的女工。

已进入人生第40个年头的歌德，遇见了出身低微但容貌十分动人的年轻热情的姑娘，他们一见钟情。他不仅答应了姑娘为她哥哥的请求，而且，很快就和姑娘在他的花园别墅同居了。

克里斯蒂安娜没有多少文化，但她极为聪明，她能感到自己的美貌和青春气息吸引了这个衣冠楚楚的宫廷要员。此后的日子，姑娘的单纯和活力陪伴歌德度过了刚回魏玛的那一段难熬的岁月。因为有了克里斯蒂安娜，歌德的心得到了慰藉。

歌德怜爱地称克里斯蒂安娜是一朵"小野花"。这朵"小野花"虽遭到上流社会的白眼，但却深得歌德的心。她是一个热情的、善解人意的女人，能满足歌德的欲求。她喜欢跳舞和郊游，也常去看戏，这都与歌德的天性合拍。她深知，自己的出身门第和文化水平与歌德"不平等"。因此，她安心做一名家庭妇女、贤妻良母。而歌德此时已功成名就，他不希求妻子在事业上帮助他，而是需要一位贤内助。

歌德和克里斯蒂安娜结合后的第二年圣诞节喜得贵子。公爵卡尔·奥古斯特做了孩子的教父，孩子取名奥古斯特。

歌德中年得子，心情自然激动。后来克里斯蒂安娜又生了4个子女，不幸的是，这4个孩子都天折了。歌德对长子奥古斯特倍加珍惜，他的心有了牵挂，家成了歌德最温暖的地方。

1806年10月19日，歌德与克里斯蒂安娜才正式结婚。克里斯蒂安娜从未给予歌德的思想以任何影响，她默默无闻地生活在歌德的

歌德妻子画像（歌德绘）

身边，但她的勤勉体贴，使歌德得到了家庭的温暖。

1816年6月6日，歌德的妻子病逝，歌德心中无比悲哀。他念诵着在妻子病重时他写下的《春满四时》，用诗句安慰妻子的亡灵。

然而在园中

开得最茂盛的，

是我爱人那

可爱的心花。

它热烈的目光

永远关注我，

激起我的诗情，

使我词顺意达。

这段婚姻，歌德给了克里斯蒂安娜爱情、光荣和富足，改变了她的人生轨迹，而克里斯蒂安娜给了歌德自己的青春、儿子和对他无微不至的照顾。可惜她1816年就死了，给歌德留下一个儿子和许多悲哀。

骨中之骨 肉中之肉：诗剧《托夸多·塔索》

诗剧《托夸多·塔索》是歌德重返魏玛后完成的一部主要作品。它取材于文艺复兴时期意大利诗人塔索的故事。

托夸多·塔索（1544—1595）是意大利文艺复兴后期的著名诗人，他曾受到费拉拉公爵的赏识，在费拉拉公爵的宫廷中服务多年，但宫廷生活却使他感到苦闷。他的叙事诗《被解放的耶路撒冷》闪烁着意大利文艺复兴时期最后的光芒。据说他爱上了费拉拉公爵的妹妹，被关进牢房达7年之久，他的神经错乱了。出狱后他四处游荡，最后在罗马死去。

歌德刚到魏玛，就有了创作《托夸多·塔索》的念头。1780年秋，他写了两幕。他去意大利时带着这份草稿，只是没有时间完成。他在费拉

第二部分 走进魏玛 走上政坛

拉寻访过塔素被监禁处的遗址，又在罗马参观了圣俄诺弗里俄修道院里的塔素墓，还搜集到新的传记和材料。因此，他决定放弃草稿，另起炉灶。歌德重回魏玛就开始了这项工作。歌德把自己与塔素做了对比，心境的相通使他用了多年的时间来写剧本《托夸多·塔索》，终于在1789年完成了诗剧《托夸多·塔索》的创作。

歌德剧本中的塔素热情直率，是一个有艺术才能的诗人。他爱上了费拉拉公爵的妹妹丽娥罗娜公主，这为朝廷的等级偏见所不容，引起公爵对他的不满，想把他赶出宫廷。1575年4月，在费拉拉公爵的夏宫，塔素把他刚写好的史诗《被解放的耶路撒冷》献给公爵。公主亲自编好月桂给他戴在头上。这时，宫廷首相安东尼正好从罗马回来。他亲眼看到塔素得此殊荣，心怀嫉妒。塔素与安东尼的冲突是戏剧矛盾的中心。安东尼老奸巨猾，他看不起塔素，利用诗人容易冲动的性情特点多方作弄塔素，逼得他几乎发狂。塔素气愤之极，拔剑欲与之决斗。公爵将他斥退，令人将其软禁。塔素将剑和桂冠交还公爵。公爵旋即派安东尼向他宣布赦令。公爵夫人和公主建议他去佛罗伦萨，塔素在告别时竟去拥抱公主，向公主表白爱情，公主大惊逃走。公爵便命人将塔素拘禁。塔素后来感到自己所要求的根本没有得到的可能，就克制住自己内心的真实，投降了敌人和封建礼教。他最后对安东尼说："现在我伸出我的手臂依附着你！就像翻了的船最后依附着那船身所撞的石礁一样。"塔素看到公爵与公主不再理会他，他深感失望以致精神失常死去。

许多研究家推论，剧中的塔素对丽娥罗娜公主的爱情与歌德对施泰因夫人的眷恋相似，剧中的塔素在宫廷内与政敌的冲突也与歌德所处的政治环境相似，塔素就是歌德自己的写照。《托夸多·塔索》可看作是歌德这一时期带有明显自传性质的作品，歌德通过《托夸多·塔索》表现了人到中年时自己的烦恼。法国批评家安培尔把《托夸多·塔索》称为"提高了的维特"。少年维特只是因为恋爱而烦恼，而中年塔索却是因为政治环境不如意，痛苦地倾诉着满腔的烦恼。

《托夸多·塔索》是歌德的创作思想挣扎的最鲜明的标志。这个剧本几经更改，在这长达八九年的时间里，在一再易稿的过程中，歌德将自己的思想感情注入了作品。塔索的不幸遭遇，是歌德魏玛生活的写照。塔索由一个具有"维特式"的热情和反抗精神的人，演变为投降者，正反映出歌德这一时期的思想与内心变化：思想上由反抗趋于自我克制直至妥协的过程。歌德说："这个剧本是我骨中之骨，我肉中之肉。"

法国大革命 歌德的一棵自由树

1789年，攻陷巴士底狱的炮声响了——震撼整个欧洲的法国大革命爆发了。法国大革命的旋风席卷整个欧洲大陆，资产阶级"自由、平等、博爱"的口号传遍了欧洲各国，德国的进步知识分子为之振奋。在德国境内，相继出现了俱乐部、"自由树"以及许多歌颂大革命的诗文。"这是一次灿烂辉煌的日出。"黑格尔这样说道，虽然他的住所在法军占领萨克森时，被抢劫得片纸不存。

但是，欧洲封建势力是害怕革命的，他们企图扑灭革命的烈火。欧洲各国君主与法国国王路易十六勾结，结成了反法联盟。德意志各小邦国也倾向于反法联盟，因为法国大革命引起了周边国家的不安。1791年8月27日，奥地利和普鲁士联合发表声明反对法国大革命，奥地利和普鲁士签订了军事同盟，次年4月对法宣战。萨克森公国作为普鲁士的盟国，参加了对法战争。

对于法国国内发生的大革命，歌德的心情是复杂的。但作为魏玛公国的一名官员，他必然会被拖入这场史无前例的欧洲大动荡中。1792年6月，魏玛公爵率军前往德国边境助战。7月6日，奥普联军越过国境，侵入法国境内。8月，歌德作为公爵的负责外交事务的随员也奔向了法国。在途经法兰克福时，歌德回家看望了分别13年的老母亲。这时，他父亲已经病故10年了。

在外来大兵压境的情况下，7月10日，巴黎人民掀起了共和运动的高潮。在雅各宾派领袖的领导下，巴黎人民反对君主制运动取得了决定性的成果。8月10日，巴黎人民攻占了国王住宅，拘禁了国王和王后，打倒了波旁王朝。

为保卫大革命的胜利果实，整个法国都动员起来了，拿着武器的人们唱着《马赛曲》奔赴前线。9月20日，在瓦尔米村附近，法国军队与奥普联军展开炮战。奥普联军因补给困难被克勒曼将军率领的士气旺盛的法国军队打败。当晚，歌德对身边的军官们说了这样一句话："从此时此地起，世界历史即将开始一个新的时代。"两天后，奥普联军狼狈地撤出了法国。10月，法国军队打出了国门。之后欧洲各国又组织了几次反法联盟。

歌德还为此专门写了一本随军杂记《法兰西战役》。

法国大革命摧毁了封建的法国君主专制统治，建立了资产阶级社会制度，促进了法国资本主义经济发展，传播了自由民主的进步思想。大革命确立的民主、自由、和平以及人权思想和原则，对世界历史的发展产生了深远的影响。

歌德因研究自然科学，形成了自然进化论的观点，他不承认质的飞跃和突变。他把自然进化学说运用于社会，不主张暴力，反对革命，认为人类社会变革也应通过进化来完成。虽然他对波旁王朝不寄予希望，但对法国大革命也报以消极态度，他对普鲁士和奥地利组织的联军进攻法国也不热心。当赫尔德和席勒为法国大革命欢呼和赞美时，歌德只是画了一棵自由树表示了一下心情。

1799年的雾月十八日政变后，拿破仑成为法兰西共和国的第一执政官。1804年2月，他当上了法兰西皇帝。拿破仑是一个具有军事天才的将领，他指挥法军一次又一次击败了欧洲反法联盟，把法国革命的思想传播到他所占领的地方。

歌德对法国大革命这一伟大历史事件的态度十分矛盾。他写了几部政治剧，都是直接或间接地攻击革命，但他也认为随着法国大革命，开始了世界历史上的一个新时期。

现代牧歌：叙事诗《赫尔曼与窦绿苔》

《赫尔曼与窦绿苔》是歌德自己最欣赏的作品之一。在1825年歌德与爱克曼谈及此事，他说："《赫尔曼与窦绿苔》在我的长诗中是我至今还感到满意的唯一的一部，每次读它都不能不引起亲切的同情共鸣。"

这首叙述诗取材于1732年出版的《善待萨尔斯堡移民的盖拉市》和1734年出版的《由萨尔斯堡大主教领地被驱逐的路德教徒移民全史》。说的是法国大革命时期，在莱茵河两岸的德国一个小城市里发生的一个故事。法国军队打败普奥联军后，进驻莱茵河西岸。难民纷纷从河西岸逃到河东岸。住在河东岸的金狮旅店店主及其妻子主动救助难民，店主的儿子赫尔曼用马车载上衣物和食物去接济西岸的难民。赫尔曼错过了难民流，却遇上了一位健壮、美丽的西岸姑娘窦绿苔。窦绿苔正牵引着一辆牛车追赶难民群，车上载着她刚刚救下的一位产妇和一个新生儿。她请求赫尔曼给产妇一件衣服包裹婴儿。赫尔曼对窦绿苔的行为无比敬佩，他将车上的衣服和食物交给她，由她带到难民营。

赫尔曼回到了家，心里却爱上了窦绿苔。窦绿苔已订婚，未婚夫去法国参加大革命不幸阵亡。这时的窦绿苔也爱上了赫尔曼。赫尔曼的父母起初不同意儿子娶一个流浪的贫穷女子。牧师建议将女子带来看看。赫尔曼的父母一见这女子长得如花似玉，稳重端庄，暗中欢喜，改变了初衷。由此发生了一个家境宽裕的青年与莱茵河对岸逃难过来的姑娘的爱情故事。

歌德于1794年发现了这部叙事诗的题材。1776年7月，歌德决定将其写成一部"现代的牧歌"。1796年9月6日，歌德在耶拿开始动笔写作《赫尔曼与窦绿苔》。1797年9月7日正式定稿。

在《赫尔曼与窦绿苔》长诗中，歌德对本民族的当代生活做了古典化的处理，赋予了难民以明快、质朴、健康的古典色彩，从而使现实生活的内容与古典的形式达到了完美的和谐统一。这首诗用原始牧歌和田园诗的形式写成，景物描绘自然、生动，融汇了风情画的韵味，体现了小市民追求的恬静生活与作者本人怡然自得的情绪，有强烈的抒情性和浓郁的诗意，也表现出歌德向往田园牧歌生活的倾向，体现歌德这一时期的思想特征。

2. 伟大的友谊：歌德与席勒

法国大革命后，歌德越来越孤独。这时，席勒进入了歌德的视线，他们很快成了生死之交的朋友。歌德与席勒的思想观点并不完全一致，歌德研究自然科学，注重实际；席勒研究哲学和历史，喜欢抽象思维。歌德为此曾和朋友艾克曼说："眼见一个人自讨苦吃地将才华浪费在一些毫无用处的哲学研究方面，真是一件令人扼腕唏嘘甚至痛心疾首的事情。席勒在哲学范畴左冲右突，这在他给威廉·洪堡的一些书信中有着反映。在这些书信中，我看到一个一心想把素朴诗与感伤诗区分清楚的席勒，看到一个为此弹精竭虑的席勒。然后，他无法为感伤诗找到基础，这使他陷入了深深的不可名状的困惑之中。"

歌德和席勒，一个是现实主义者，一个是理想主义者，但他们都信奉人道主义，认为人应该是完整的、和谐的、全面发展的。他们都认为艺术是恬静、清晰、优雅、和谐的，美是艺术的最高原则。他们把古希腊人看作理想的人，把古希腊艺术看作艺术的典范。在共同认知的指引下，他们各自写出了一系列重要的作品。对歌德来说，与席勒合作的10年是他创作的第二个高峰，其中最大的收获是完成了诗剧《浮士德》第一部。

弗里德里希·席勒于1759年11月10日出生在德国西南部的一个小镇马尔巴哈，他比歌德小10岁。少年席勒在符腾堡公爵卡尔·欧根办的军事学校里读书。1779年12月，歌德陪同卡尔·奥古斯特公爵去瑞士时，途经斯图加特，顺道访问了这所学校。席勒就站在欢迎的队列里。两年后，席勒写的剧本《强盗》，在曼海姆上演后获得极大的成功，席勒也因此一鸣惊人。又过两年，他的另一部剧作《阴谋与爱情》问世，演出轰动了整个德国剧坛。

1787年7月21日，席勒来到魏玛，当时歌德还在意大利旅行。次年9月，两位诗人在一个星期日见了面。席勒后来写信给寇尔纳谈到这次会见时对歌德的印象："他给我留下的第一个印象大大地冲淡了人们灌输给我的有关这位迷人而又漂亮的，那些提高了的看法。歌德中等身材，步态和动作都显得拘泥，面孔看上去也挺古板。只是那双眼睛显得非常灵活，非常富于表情。看着它们，会让人们感到非常和善……我们很快就熟悉了，没有一点儿拘束。周围的人实在太多，所有的人因为都想和他接近而相互忌妒，结果弄得我没能长时间和他单独在一起，谈话所涉及的也只是最一般性的题目……我觉得，他已经远远地离开了我，我们已经注定不会再在途中相遇……他所生活于其中的那个世界不是属于我的，他对周围一切的看法明显地和我存在着本质性的区别……"（转引自艾米尔·路德维希的《歌德传》，第309页）这一次见面产生的友谊非常有限，当时席勒与歌德住处近在咫尺，但是两人交往并不多。

第二部分 走进魏玛 走上政坛

席勒在魏玛没有工作，一直靠写稿得到的稿费度日。他去找歌德帮忙，歌德为席勒在耶拿大学谋到了史学教授的职位。对席勒来说，这一职位的获得是十分重要的，在此之前，席勒的生活一直没有保障，有时还有负债入狱的危险。稳定的收入使席勒有了成家的可能，他在1790年结了婚。

1794年5月，歌德到耶拿大学听一个科学演讲。会后，他偶然与席勒同路，席勒对演讲人割裂自然的研究方法很不赞同，歌德也有同感，两人便畅谈起来。到了席勒家门口，话还未尽，他们索性走进去又谈了一会儿。在这一次坦诚相见之后，他们形成了一个磁石的两极，虽然异质，但相互吸引，而不是相互排斥。歌德承认，"席勒的吸引力是巨大的，凡是靠近他的人，都摆脱不了他的控制"。一个星期后，他们在耶拿大学再次长谈，不过这次谈的是艺术理论问题，他们发现，两人虽然观点有所不同，但主要思想却是惊人的一致。

这一年，席勒给歌德写信邀请他合办繁荣民族文化的刊物，歌德立即回信。从此他们开始了文学创作上的合作。

这一年的8月23日，席勒写了一封评价歌德创作道路的长信给歌德。这封信剖析了歌德的思想和性格，也剖析了自己的思想和创作风格。歌德看过信后非常高兴，因为席勒透彻地分析了歌德的特点以及他与歌德之间的异与同，指出，天才的创作出于他的天性，而不是他的自觉。歌德感到席勒的分析鞭辟入里，还从来没有一个人对自己做出过正确的评价。他非常钦佩席勒的洞察力。

歌德在复信中说："在这个星期我过生日的时候，我所收到的礼物没有比你的来信更令人愉快的了。你以友谊的手总结了我的生活，你的同情鼓励我更加勤勉地运用我的全部才力。"并且表示"从我们那次意外的会晤之后，我们似乎可以终生共同前进了"。席勒也在即刻做出的复信中说出了同样的话："像我们两人所走的那样不同的道路，不过早，而恰恰是现在引聚到一块，是有益处的。我现在希望，我们能共同走向我们未走完的路。"

歌德是个天才的感性诗人，而席勒则是善于推理的思想家；一个侧重于现实主义，一个倾向于浪漫主义；一个重客观，一个重主观。事实正如他们所愿，两位巨人在求同存异中开始了伟大的、有价值的文学创作。

歌德和席勒共同创办杂志《时代女神》（1795），宣传文学主张，用古典美来教育感化人民，以达到实现理想社会的目的。他们两人合写犀利的讽刺短诗《赠词》。《赠词》达400余首，以警句、格言等形式抨击庸俗鄙陋的现实，对社会上的市侩习气和文艺界的恶俗风气大加针砭，以净化国民的精神面貌。

歌德和席勒共同走过了10年的创作道路。其间，席勒写了一系列美学著作，完成了《华伦斯坦三部曲》《奥尔良的姑娘》《威廉·退尔》等剧本。歌德也写出了长篇小说《威廉·麦斯特的学习时代》、诗剧《浮士德》第一部、叙事诗《赫尔曼与窦绿苔》。其中《赫尔曼与窦绿苔》（1797）是歌德与席勒结交后写就的具有重大意义的作品，席勒盛赞这部叙事诗是整个当代艺术的最高峰。

从1774年到1805年，歌德与席勒合作的10年间，其文学创作被认为是"德国古典文学"创作，这段时期在德国文学史上被称为古典主义时期。

歌德与席勒的密切合作，使小小的魏玛成为当时德国古典文学运动的中心。这时候，席勒患了肺病，他身体虚弱，几经卧床，生活上也不宽裕，窘困的情况一再出现。席勒坚持着写完了《威廉·退尔》，病更重了。1804年夏天，席勒曾写信给寇尔纳，说希望自己能活到50岁。但是天不从人愿，随着寒冬的到来，他的病情日趋严重。1805年4月30日晚，歌德去席勒家看望他。席勒要去剧院，歌德劝阻未成，便带着忧虑的心情，在席勒家门口告别。谁知这一别竟成永诀。

第二部分 走进魏玛 走上政坛

1805年5月9日下午3时，席勒的心脏停止了跳动，穷困和劳累终于夺去了席勒的生命。这时，歌德也正病着，没有人敢把噩耗告诉他，但他从周围人的脸上看出了一切，便问克里斯蒂安娜："席勒昨天病得很厉害，对吗？"她没有回答。歌德斩钉截铁地问道："他死了？"她答道："您自己已经说出来了！"他再次说："他死了。"他用手捂住脸，泪水顺着手流了下来。当他稍好一些时，他提笔写下了最沉痛的悼念席勒的诗文。

3个星期之后，歌德写信给朋友道："我原以为我自己完了，现在失去了一位朋友，这等于失去我生命的一半。"歌德病愈之后，于当年8月10日在劳赫施泰特举行的席勒追悼会上，为席勒的《大钟歌》作跋，写道：

那些只属于他自己的思考，

早已在全体之中扩展蔓延。

他照耀我们，就像消逝的彗星，

以自己的光结合永久的光明。

歌德为席勒的剧作提供了演出的舞台，席勒也给歌德的作品提供了发表的机会。两位大师的合作是"诚挚和友爱的结合"，在文学史上写下了一段亲密合作的佳话。晚年歌德说："席勒的性格和气质与我完全相反，我同他一起生活了好些年，我们相互的影响达到这种程度，就在我们意见不一致的时候，也互相了解。然后每人都坚持自己的人格，一直到我们又共同为某种思想和行动联合起来。"（转引自董问樵《席勒》，第53页，复旦大学出版社，1984）

歌德和席勒的塑像

歌德于1828—1829年编印了他同席勒的通信集，共收录了1050封信。这本通信集反映了他们两人各自的世界观和人生观，成为体现他们诚挚友谊的一面镜子，照亮了他们生活的时代。

如今，在魏玛宫廷剧院门前，矗立着并肩而立的歌德和席勒的塑像，它已经成为魏玛的城市标志。歌德与席勒是屹立在魏玛的两座高峰，也是矗立在德国文学史上的两座丰碑。德国文学因此大放异彩，魏玛也因此声名远播。

从1794年歌德与席勒交往开始，开辟了以歌德和席勒的友谊为特征的德国古典主义文学全盛时期。

1828年12月16日，歌德对爱克曼说："我与席勒多年深交，志趣相投，朝夕相处，互相影响，实际上我们已经形同一人，就某些个别思想而言，实在难以确定哪些是他的，哪些是我的。"这表明了歌德与席勒之间的真挚友谊。

在魏玛城东伊尔姆河畔的高坡上，坐落着一座歌德－席勒档案馆，它是德国最古老的文学档案馆。

1885年歌德最后一个孙子去世，歌德的手稿转到了魏玛女大公索芬手中，她立刻建立起歌德档案馆，保存这些珍贵的遗物。4年后该馆又收藏了席勒所遗的手稿，因此改名为歌德－席勒档案馆。就是这家档案馆，于1887年至1919年间，编撰出版了143卷的《歌德全集》，这是歌德著作最全的一套，称魏玛版，为人类留下了宝贵的精神财富。

歌德－席勒档案馆

第三部分 生活本真的思考

未曾哭过长夜的人，不足以语人生。

1. 晚年创作：创作高峰期（1805—1832）

两位巨人之间：歌德与拿破仑

席勒逝世以后的10年间，是拿破仑占领德国和德国人民反抗拿破仑统治时期。这期间歌德的创作处于低潮。

1805年4月，英国和俄国结成第三次反法同盟，奥地利和普鲁士先后加盟。12月26日，联盟以奥斯特里茨战役失败而解体。

1806年7月12日，拿破仑把德国西部和南部16个中、小德意志邦国组成莱茵联盟。同盟中的各邦均宣布脱离神圣罗马帝国，支持拿破仑战争。1806年8月1日，神圣罗马帝国宣布解散。8月6日，奥地利皇帝弗朗茨二世根据拿破仑的要求，宣布放弃神圣罗马帝国皇帝的称号，从此，始建于公元962年的神圣罗马帝国寿终正寝。拿破仑的势力延伸到了易北河。他摧毁统治区的封建制度，建立新的行政机构、法律制度、社会生活和经济体制。原有的人身关系、等级制度、贵族和僧侣的特权被取消，宣扬资产阶级的自由、平等和博爱。这自然受到了被压迫民众的欢迎，同时也激发了被占领地区人民的民族感情，许多德国作家，如寇尔纳、莫里茨、艾辛多夫等参加了反拿破仑战争。

法兰西帝国皇帝拿破仑

拿破仑建立了依附于法国的莱茵联邦，威胁到了普鲁士的利益。1806年7月25日，普鲁士与英国、俄罗斯、瑞典签订条约，第四次反法同盟形成。

1806年10月初，在普鲁士对法国的耶拿－奥厄施塔特战役中，普鲁士军队被轻而易举地彻底击溃。10月14日，作为普鲁士将军的奥古斯特逃之天天，不知去向。

10月15日，法军轻易就占领了这座没有设防的城市魏玛。拿破仑来到魏玛，只见到公国的枢密顾问。歌德借口身体不适，未参加谒见。拿破仑看奥古斯特公爵不在，只有公爵夫人路易斯留守魏玛，大怒，扬言要消灭魏玛公国。多亏公爵夫人多方周旋，解释说她丈夫因系普鲁士国王姻亲，不得不尽义务参战，请求拿破仑的理解和宽恕，加之俄国沙皇说情，拿破仑这才息怒。他提出的条件是：卡尔·奥古斯特不得参加普鲁士军务，公国要向法国缴纳高达22万法郎的军费。

为了保全萨克森－魏玛－艾森纳赫的领土不被并入法国，1806年12月15日，魏玛公国与法国在波森缔结和约，魏玛公国加入了莱茵联邦。

当时，几乎整个欧洲大陆都掌握在拿破仑手里，德意志更是拜倒在拿破仑脚下，诸小国的君主甚至以能吻一下法国皇帝的手为荣幸。

歌德始终没有给拿破仑的名字加上"伟大的"这个形容词，像黑格尔和后来的海涅一样，但他仍要算在那些推崇拿破仑的人物之列。拿破仑也很尊崇歌德。

1808年9月，拿破仑来到离魏玛不远的埃尔富特城，与俄国皇帝亚历山大举行会谈。10月2日，歌德陪公爵来到埃尔富特。拿破仑抽空召见了歌德。歌德走进了拿破仑的行宫。拿破仑坐在大圆桌前进早餐，他示意歌德坐下。于是，两个开始了平等而自如的交谈。拿破仑说自己读了7遍《少年维特之烦恼》，并加以称赞。但是，拿破仑认为维特自杀的动机不仅出于无望的爱情，而且出于他病态的虚荣心受到的伤害。拿破仑的称

第三部分 生活本真的思考

赞，使歌德很高兴并显出愉快的神情，他表示接受拿破仑的意见。

会见持续了一个多小时，拿破仑的接见自始至终是亲切的。目睹过拿破仑对普鲁士国王弗里德里希·威廉三世鄙夷态度的人，一定知道歌德在这个踩一下脚就能使欧洲大陆发抖的人的心目中还是有地位的。

1808年10月7日，拿破仑来到魏玛，并带来了巴黎剧团。在魏玛剧院里，巴黎剧团演出了伏尔泰的剧本《恺撒之死》，歌德受邀观看演出。演出结束后，拿破仑与歌德讨论悲剧的艺术问题。最后，拿破仑邀请歌德访问巴黎，并希望他写关于恺撒之死的作品。

10月14日，拿破仑离开魏玛之前，他送给歌德一件礼物：法国荣誉勋章。歌德自然明白拿破仑的意图，恺撒是拿破仑的偶像，歌颂恺撒无异于歌颂拿破仑的丰功伟绩。歌德婉然拒绝了写作剧本一事。

1812年，远征俄国的拿破仑大军被严寒和库图佐夫将军击败，拿破仑秘密离开俄国，途径魏玛时派人向歌德问好；1813年，拿破仑回到埃尔富特指挥对俄和普鲁士军队战斗时，不忘向世人表明对歌德的敬意。

1813年，德国进入了反拿破仑的民族解放战争时期，此时的德国，仿佛除了歌德之外，所有的人都卷入了爱国战争的热情。1813年10月16日至19日，莱比锡会战上，迎来了普鲁士、奥地利、俄国的决定性胜利，拿破仑的"莱茵同盟"解体。1814年4月6日，拿破仑被迫退位，波旁王朝的路易十八成为法国国王。4月20日，拿破仑被流放到厄尔巴岛。

歌德以后对拿破仑并不十分关注，他对拿破仑入侵以及反拿破仑解放战争的态度充满矛盾。他对四分五裂的德国现实感到痛苦，他爱的是整个德意志民族和整个德国。而拿破仑从客观上起到了摧毁封建势力的作用，但是拿破仑的军队侵占了德国，也没有给德国人民带来自由。

歌德在这期间比较沉寂，由此引来了一些议论和指责。爱克曼在1830年3月14日与歌德的一次谈话中提起往事，他说："有人指责您当时没有参加反对拿破仑的民族解放战争，至少您没有以诗人的身份参加。"

歌德答道："事实上我对法国人是并无恨意的，尽管德国从法国人手中独立时，我也曾感谢上帝。但我眼里只有文化和野蛮，法国是世界上极有教养的民族之一，我大部分的文化教养无不受之于法国。既然如此，我如何恨这个民族？一个心中毫无恨意的人，又让他如何写仇恨的诗歌？"

从中可见歌德在对文化和民族问题的认识，他是站在一个公正的历史的角度注视人类的角逐和战争的。歌德不禁感慨地说："通常情况是，文化水平越低的地方，民族仇恨越强烈。"

"至少要读三遍"的《亲和力》

1809年，歌德完成了长篇小说《亲和力》。《亲和力》描写的是一个爱情悲剧，讲的是一个最初被阻挠、继而又自行破裂的爱情故事。

爱德华男爵和夏绿蒂年轻时互相恋爱，由于受到旧势力的阻挠，他们没能走到一起，而是各自与年长富有的人结婚，后来两个人的那一方都先后死去了，两人才结成夫妻，搬到了一个远离家乡的田庄。

不久，爱德华的好朋友、刚从军队退职的上尉奥托和夏绿蒂的侄女奥蒂莉先后应邀来到了田庄。四人在一起，发生了不可思议的事情：夏绿蒂爱上了丈夫的朋友上尉奥托，爱德华爱上了妻子的侄女奥蒂莉，两人都坠入了新的情网。夏绿蒂有着深深的世俗观念，她克制着自己的情感不想退出婚姻另结良缘，上尉也克制着自己离开了田庄。而爱德华和奥蒂莉却被强大的爱的力量战胜了。夏绿蒂为了维持婚姻，让奥蒂莉离开田庄。爱德华为了能留住奥蒂莉主动离开了家，并写了一封信，要夏绿蒂善待奥蒂莉。夏绿蒂怀孕了，她希望丈夫爱德华回到身边。爱德华听到这个消息，绝望了，他留下遗嘱奔赴了战场。爱德华英勇赴死却凯旋。他从奥托的口中得知夏绿蒂曾想将奥蒂莉嫁给他，他立刻与奥托返回庄园。奥蒂莉见到爱德华非常激动，以至于不慎失手，导致夏绿蒂和爱德华的孩子落水溺死。孩子的死一下子改变了局势，夏绿蒂把这看作是与爱德华分手的不可抗拒的命运。而奥蒂莉因强烈的罪孽感，发誓不嫁给爱德华，但又无法放弃自己的爱情。她把自己判了罪，不说一句话，拒绝饮食致死。爱德华不堪忍受如此的境遇，也悲伤憔悴而死。

爱德华的尸体与奥蒂莉的尸体葬在一起，两人都是抑郁而死；女主人与男客相爱，理智地克制自己，不幸地活着。

《亲和力》以化学领域的一个概念为题，象征性地描述了社会关系中的种种形态和矛盾，表达了人并不像化学元素那样都能找到与之有亲和作用的伴侣。靠催化剂才能结合在一起的元素，是不具有亲和力的。从原来的结合体中分离出来的人会很孤独，还要接受伦理和客观因素等的制约。

小说的内涵丰富深刻，它批判了资产阶级的婚姻制度，探讨了人生的局限——在恋爱婚姻问题上的宿命色彩。

书名意在强调婚姻与爱情的矛盾和由此造成的无法避免的悲剧。作者肯定和颂扬了爱德华那种既蔑视当时的婚姻制度也敢于抗拒命运的人。作品表现出了冷静的叙述、描写和理性的思辨，从婚姻是一切文化的开端和顶点的观点出发，通过表现当时资产阶级社会道德与情感的冲突和婚姻危机，反映了世纪交替时期德国社会"文化"的变化。小说在情节和形式上都表现出浪漫主义倾向。歌德曾经说"至少要读三遍"，才能看清他藏在《亲和力》中的许多东西。

景仰与疏离：歌德与贝多芬

1812年7月，歌德随魏玛公爵来到捷克的疗养地泰普里茨。这里聚集了当时德意志和奥地利的王公贵族们，他们以养病为名来到这里召开反对拿破仑的秘密会议。闻名世界的德国作曲家贝多芬正在这里疗养，他患了严重的耳部疾病。

歌德曾在法兰克福看过神童莫扎特的演出，也看过8岁的贝多芬于1778年3月26日在科隆举行的首场音乐会。小贝多芬的演出获得巨大的成功，轰动了德国，轰动了波恩宫廷，被人们称为第二个莫扎特。歌德对此印象很深刻。

贝多芬比歌德小21岁，可以说是两代人。贝多芬从小就崇拜歌德、敬仰歌德，欣赏青年歌德的充满叛逆精神的作品，他从歌德的伟大诗篇里受到鼓舞。他曾谱写了歌德的《迷娘曲》，1810年又创作了《哀格蒙特》序曲，并渴望能与歌德交流。贝多芬通过朋友转达自己对歌德的敬意，之后，他俩直接通信了。

贝多芬在给歌德的信中表达了自己发自肺腑的景仰之情："我只能怀着最崇高的敬意，怀着我对您的绝妙著作的那种难以形容的深挚的感情来接近您。"

1811年4月12日，贝多芬给歌德的信中谈到《哀格蒙特》时写道："当我读到这部奇妙的《哀格蒙特》时，激起的热情使我重新思索、感受并把它谱成音乐。我非常希望知道您的意见，即使是责备，那对我和我的艺术也会是有益的，我会像得到巨大的赞赏那样接受它。"同年6月25日，歌德回信对贝多芬表示感谢。信中说，若能在魏玛看到这部谱成音乐的悲剧，一定会给自己以及我们这里的您的许多崇拜者莫大的愉快。

同年夏天，贝多芬来到泰普里茨疗养院治疗耳疾，并想在这里遇见他崇敬的诗人，结果落空了。

于是，在1812年夏天，贝多芬听说歌德将要在7月陪同皇室到泰普里茨疗养院，就决定再次去那里疗养。贝多芬从维也纳出发，经过布拉格，

第三部分 生活本真的思考

于7月5日到达泰普里茨，住在橡树旅馆里等待歌德的到来。他在这里已经住一个星期了。

贝多芬

两周后，7月19日，贝多芬在房间里终于等到了歌德的到来。

歌德先请女仆递进自己的名片，贝多芬立即朝门口迎了上去。

歌德说："我十分高兴与您结识。"接着歌德对贝多芬为自己的诗作谱写的歌曲和《哀格蒙特》序曲表示衷心的感谢。

歌德关切地询问贝多芬的耳部病情。贝多芬说："感谢上帝，耳疾对我的创作没有影响，我对音乐的想象依然是那样纯粹和清晰。"

接着贝多芬坐到钢琴前弹起《哀格蒙特》序曲，认真听取歌德对他谱的乐曲的看法。

歌德听完后说："这多么动人啊！"他惊叹地称贝多芬为魔术师。

这次初会，贝多芬是如愿以偿了，他感到结识歌德是自己的光荣和骄傲。但是他对歌德的拘泥礼节、不流露感情的上流人物做派不予赞同。

有一天，歌德和贝多芬正在并肩散步。这时一群宫廷的王公贵人陪着皇后，前呼后拥地迎面走来。贝多芬仍旧径直地走自己的路。歌德见了，却毕恭毕敬地退到一边，摘下帽子，向贵族们行礼。这个举动使得刚正不阿的贝多芬很恼火，他等了歌德好一会儿，对他说："我在等您，这是因为我尊重您，您理应得到尊敬。但是对那些人，您过分抬举他们了。"贝多芬大摇大摆地走着，而那些认识贝多芬的人，都很客气地给他让路并向他致意。

贝多芬被维也纳宫廷指责为一个相当激烈的共和主义者。他同封建势力作对，对自由和斗争充满热情、信心。歌德对贝多芬的思想和行为可能不了解或许了解，但歌德已经不愿意对事物进行评判了。

1812年8月9日，贝多芬给出版商布莱特科普夫和赫特尔的信中写道："歌德太热衷于宫廷气氛，与一个诗人身份很不相称。"

1812年9月2日，歌德写信给泽尔特，在信中说，贝多芬的"才能使我感到惊异，只是可惜他是一个完全桀骜不驯的人，虽然他认为世界令人憎恶不无道理，但是因此他必然使自己和别人都不愉快"。

在对待拿破仑的态度上，歌德与贝多芬也有分歧。歌德视拿破仑为伟大的天才，因拿破仑轻易就占领了德国，扫除了德国根深蒂固的封建势力，传播了资产阶级的民主和自由，但歌德也有被压抑的民族感情。而贝多芬有着强烈的捍卫民族和祖国尊严的立场，要求民族自由，反对外来侵略。在他的眼中，拿破仑不是什么伟人，而是自私自利的小人、侵略者。

歌德政治上的谨小慎微，看重烦琐的礼节与甘于融合现实的态度和做法，令贝多芬不悦。经过在泰普里茨这段时间的交往，两位巨人彼此有了近距离的了解。由于各自的理想和信念不同，他们的友谊不仅没有持续和发展，反而比先前更为疏远了。双方都对这期间的会面和交往的结果感到失望，从此他们之间只是形式上的相互尊重和敬佩，再就没有书信往来了。

歌德与现实妥协还表现在1798年著名哲学家费希特教授因不信上帝被耶拿大学辞退一事上。歌德也是不信上帝的，这可以从一件小事中看出来。哲学家黑格尔六十大寿时，他的学生们为他设计制作了纪念章，纪念章的背面是一幅象征画：中间是守护神；右边是一个女子，手里拿着十字架；左边是一个正在读书的老学者，头上有一只象征智慧的猫头鹰。歌德对纪念章上哲学家与十字架一同出现非常反感，他说："福音书中有许多不是根据直接的见闻和经验而是后来根据口传写成的。"恩格斯也曾指出，歌德不爱谈上帝。可是，歌德对于费希特仅仅因为不信上帝被逐之事却保持沉默，甚至还对费希特与现实格格不入表示惋惜。

歌德在文学上取得了巨大成就，成为叱咤风云的诗人，在现实生活中，他不愿介入政治和党派之争。他说："诗人一想做政治的活动，就不得不入党派，一入党派就不算是诗人了，因为不得不与自由的精神和旷达的见解辞别而用狭量和盲目的嫌恶的帽子遮掩耳朵了。"他认为"政治会把诗人侵蚀，成为阶级的一分子，在骚扰轧轹之中过日子，这不是合于精细的诗人性质的事务"。

也许正因为歌德这种与现实能够融合的特点，他才没有像他周围的哲学界和文学艺术界的许多伟大人物那样，一生被穷困所迫，他是在舒适富贵的宫廷生活里安度晚年的。当然，他帮助了许多困境中的朋友，黑格尔和席勒都由于他的帮助才得到教授的地位，还有许多诸如此类的事。

这就是歌德真实的一面，尽管贝多芬理解不了诗人的内心世界和情感，但歌德对贝多芬的诸多不赞成或者否定，是客观、宽容和体贴的。贝多芬独享歌德有克制的评论和谨慎态度。

魏玛大公国首相遭遇剧院风波

1814年夏天，拿破仑被迫退位，魏玛的政治天空日趋明亮。1815年年初，维也纳会议之后，魏玛公国成为大公国，领土扩大了两倍。卡尔·奥古斯特成为大公，魏玛枢密院改为内阁，歌德也升任魏玛大公国首相。

1815年8月，歌德前往德国南部莱茵河和美因河一带旅行。回到法兰克福的歌德很兴奋。他继续书写1814年就开始着手的《西东合集》，这里有着梦幻般的东方世界，有着诗人的欢娱、痛苦、别离、重逢和忧伤。歌德挥洒的不仅是他精湛的诗艺，还有他对人生的真知灼见，更有对人类崇高理想的向往。

1815年10月11日，歌德回到了魏玛。1816年6月6日，歌德的妻子病逝，这一年她51岁。67岁歌德一度病倒在床，想着陪伴自己28年的妻子离去，歌德心中无比悲哀。他只能将精力用在写作上、用在对魏玛剧院的管理上，以此抵减内心的巨大悲伤。

这一年，歌德完成了《意大利游记》第一部。

魏玛剧院以前有席勒的协助，剧院办成了德国的典范。因为缺少人手，1817年春，歌德让儿子奥古斯特到剧院做自己的助手。

祸不单行，一位甚得卡尔·奥古斯特公爵宠爱的女演员因嫉妒歌德在魏玛艺术界的地位，使用阴谋手段来争夺剧院的势力。她借助一件偶然发生的事情，掀起了一场轩然大波。

1817年3月，一个巡回演出的喜剧演员请求歌德允许他和他的狗同台演出，歌德为了维护魏玛剧院的品位和尊严拒绝了他的要求。可这个演员找到了卡尔·奥古斯特，大公答应了此人的要求。为此，歌德与大公闹得不愉快。大公为了自己的权威和讨好自己宠爱的女演员，解除了歌德的魏玛剧院总监的职务，歌德被迫离开了和他有40年密切关系的魏玛戏剧界。歌德有一种被放逐的感觉。

卡尔·奥古斯特因为一条狗解除歌德剧院领导的行为，激怒了一些因慕名歌德而来的工作人员及演员，他们继歌德的儿子之后纷纷离开了魏玛剧院，以示对歌德的声援和对卡尔·奥古斯特的抗议。卡尔·奥古斯特意识到自己的做法有过失，主动去耶拿跟歌德缓和关系。但歌德看出此事件的不可挽回，不愿意再与大公的情人抗衡了。

这一年，歌德完成了《意大利游记》第二部。

剧院风波就这样过去了。卡尔·奥古斯特与歌德的关系似乎还和从前一样好，私下里，卡尔·奥古斯特称歌德为"您"，歌德也曾表示和卡尔·奥古斯特"至死在一起"。

忘年的挚友：歌德与爱克曼

爱克曼（1792—1854）出生在德国的一个小镇，他爱好写作，沉浸在诗艺中，尤其喜欢歌德的短诗，对歌德充满景仰。

1821年，爱克曼进入哥廷根大学学习法律，但是由于资金缺乏，最后不得已辍学。他从小就为生存而奔波劳累，养成了谦卑勤恳、一丝不苟的性格。

1823年，爱克曼怀着崇敬的心情，将已经写成但尚未出版的论文集《论诗，特别引歌德为证》寄给歌德，希望能够得到歌德的指点并且希望他推荐给出版商。

爱克曼来到魏玛已有几天了，他希望能得到歌德的约见。这一天终于来了。

1823年6月10日12时，爱克曼如约来到弗劳恩普兰歌德的寓所。他被安排在宽敞的、空气清新的客厅等候。

客厅的地板上铺着地毯，房间里有一张深红色的长沙发和几张深红色的椅子，角落里有一架三角钢琴，墙壁上用油画和素描装饰着，屋子里洋溢着高雅的艺术气息。爱克曼置身在这安静的房间里，想着能有机会目睹歌德这样的大人物，心情很是紧张。

歌德在仆人的引导下来到客厅。歌德和蔼的神情让爱克曼消除了紧张的情绪。爱克曼看着歌德那褐色的面孔、满面的皱

歌德的秘书爱克曼

纹和丰富的表情，宁静的面孔显得高尚而伟大，有一种超然于世间毁誉之上的气场。爱克曼感到面前就是一位老国王。爱克曼看着歌德，甚至忘记了说话，感到有种说不出的幸福感。

歌德说话很慢、很镇静，他开门见山地谈爱克曼的手稿，不无称赞地说："这部书稿文字功夫非常扎实，语言流畅，并且这部书稿中显示了你思路清晰的优点。"歌德答应爱克曼将此稿寄给耶拿的出版商柯达，并决定当天就给柯达写信，推荐这部书稿。

歌德与秘书约翰·爱克曼

看得出来，歌德喜欢上了这个年轻人。一老一少安静又亲热地交谈着。歌德建议爱克曼在魏玛住下来，帮助他整理早些年发表的评论文章。爱克曼非常高兴，马上答应下来。从此，爱克曼就留在了歌德身边，成了歌德的文艺学徒，担任歌德的私人秘书。

爱克曼几乎每个午后都到歌德家，帮助歌德整理文件，处理一些日常的事务，记录歌德与他谈论的话题，开始编辑由歌德亲自审订的《歌德文集》。爱克曼很幸运地参与了歌德晚年的创作活动。歌德还介绍爱克曼去卡尔·奥古斯特家做孩子的家庭教师，去大公夫人的图书馆做管理员。

在爱克曼与歌德共处的9年间，他们谈论英国文学，谈论莎士比亚，谈法国文学，谈罗马、希腊，谈论各种战役，谈论人类的伟大精神。爱克曼非常用心地记录了歌德对以往的回忆和对当时文坛、政坛等看法的所有

第三部分 生活本真的思考

谈话内容。

歌德很信任爱克曼，也经常教海他。比如有一次爱克曼告诉歌德，有一家英国杂志邀请自己按月为他们写短评，内容锁定为最近的德国散文作品，而且报酬丰厚。歌德脸色沉了下来，说："德国文学无不脱胎于英国文学，我们的小说和戏剧是哪里来的呢？难道不是来源于哥尔德斯密斯、菲尔丁和莎士比亚这些作家吗？就目前情况而言，德国难以找到3个文坛泰斗足以和拜伦、穆尔和瓦尔特·司各特比肩。因此我再次提醒你，必须集中精力从事有价值的工作，在英语研究中打下牢固的基础。一切于你毫无益处或者不相宜的东西都应该拒之门外。"爱克曼听到这番教海，内心不再犹豫，从此他按歌德的要求行事了。

1831年5月15日，歌德和爱克曼在书房共进晚餐。席间，歌德拿起一张已经写好的字据说："对于我这样一个耄耋老人，还有什么继续生存下去的权利呢？我几乎没有一天不安排好后事，迎接上帝的召唤。我早已说过，当我辞世以后，由你来编辑我的遗著，今天上午，我把这个意思写进遗嘱了，就是这份合同，现在，咱们来签字吧。"就这样，歌德泰然自若地安排好了自己的身后事，这其中包含着他对爱克曼的无比信任，以及对爱克曼的文学修养的极大肯定。

爱克曼不负歌德的嘱托，在歌德去世后，他根据他们的谈话记录整理出《歌德谈话录》，于1836年出版。《歌德谈话录》一经问世即受到了读者的热烈欢迎，爱克曼也因此而闻名。

《歌德谈话录》是爱克曼辑录的关于歌德的言论和活动的集子，它较全面地反映了歌德的思想和行为，记录了歌德晚年关于文艺、美学、哲学、自然科学、政治、宗教、文化等方面的谈话内容，成为后人研究歌德的重要书籍。《歌德谈话录》被尼采誉为用德文写作的最重要的散文。

憧憬东方文明 预言世界文学

拿破仑失败后，俄国、奥地利和普鲁士组成神圣同盟，封建势力在欧洲复辟，德国人民不仅没有获得自由，反而思想上更加被禁锢。年逾花甲的歌德作为新兴资产阶级改良主义思想家，与当时先进的德国知识分子思潮有所不同，与维护德意志民族的封建思想也有不同的政见。他对法国革命引起的社会动荡心存反感，但他崇拜拿破仑这样的叱咤风云的英雄人物，一度把建立新秩序的希望放到他的身上。所以，他不肯参加反法的所谓的民族解放战争，更厌恶封建复辟。

随着全欧性革命高潮的到来，工人运动的兴起，空想社会主义思潮的传播，歌德世界观中的积极因素有所增长。

面对欧洲社会的急剧动荡，歌德把目光转向了往昔，他阅读德国中世纪的史诗，欣赏中世纪的绘画。他又把目光转向了东方，他认为那儿是和平的、宁静的。他看到了东方科学技术的突飞猛进，看到了东方文明古国的辉煌文化，他对东方文学产生了兴趣。

歌德从1813年开始到1827年，阅读了中国的作品和书籍。1817年，他读到英译本的戏剧《老生儿》。1827年，他读了英译本小说《花笺记》及其附录《百美新咏》，还读了法译本的《玉娇梨》。还选收有《今古奇观》若干小说的《中国详志》，歌德从中深受启发。

1827年1月27日，歌德在给朋友施特莱克福斯的信中写道："我深信，一种世界文学正在形成，所有的民族对此都会表示同意并因此迈出友好的步伐。在这里德国人能够而且应该多做工作，在这场伟大的聚会中，他应该扮演一个美好的角色。"

1827年1月31日，歌德向爱克曼谈读这些中国作品的感受。他认为中国人的思想和行为与欧洲人并无二致，只是中国人的思想和行为更符合道德标准，他们的世界更加明朗和纯洁。他说："中国几千年来一直经久不衰，正是得益于这种方方面面的节制行为。"他还赞叹中国人的生活始终与自然融为一体，中国的优秀小说很多。他对爱克曼强调到，好作品随时会从世界上无数人的手中诞生，谁都不应该躺在创作了一首好诗的荣誉里沾沾自喜。他说："假如我们德国人把视野局限在周围的小圈子里，那就容易陷入夜郎式的自大。因此，我喜欢周游世界，以了解其他民族的风土人情，希望所有的人都学会这种做法。民族文学已经式微，世界文学的时代已离我们不远。现在的每一个人都应该为这个时代的尽快来临而贡献一分力量。"

歌德身处狭小的魏玛，胸怀却无比宽阔，眼光无比高远，他站在文学文化的高地，不断地接受新思想，研究新事物。他认为一定会出现一个超越国界的世界各民族共有的"世界文学"的天空，他兴奋地做出"世界文学的时代即将来临"的预言。他声称自己是世界公民，他觉得人类社会的前途充满光明。

西东文化共融：《西东诗集》

歌德通过研究阿拉伯、波斯、印度、中国的文学和哲学，从古老的东方文学中汲取了营养，于1819年发表了抒情诗集《西东诗集》。

《西东诗集》是歌德晚年乃至歌德一生最重要的诗作。它是一部由西方作者写的富有东方思想情趣的诗集。诗集由长短不等、题材各异的250多首诗歌组成。按题材分为12篇，歌颂了人生、理想、爱情。其内容和风格受到阿拉伯文学的影响，特别是受到14世纪波斯诗人哈菲兹的影响。在诗中，歌德变身为阿拉伯歌者哈台姆在浅吟低唱，他将叙事与抒情、哲理与讽喻巧妙结合，将西东文化完好地共融，成为一部供世界各民族诵读的文学佳作。

当诗人超越时空通过波斯诗人哈菲兹的眼睛审视自我时，他对自己的使命有着冷静的认识，他对古希腊、古罗马的情感，表达在《诗歌与雕塑》这首诗中。

尽管希腊人使用黏土，
捏成各种形象，
看着亲手制造的子女
感到无限欢畅。
我们却爱跳进
幼发拉底河里，
在流动的元素里面
来来去去漫游。
待我把心火消去，
就会唱出诗歌，
用诗人纯洁的手汲取，
水会凝成晶球。

中国意象：《中德四季晨昏杂咏》

歌德在研究中国文学并提出"世界文学"的同时，也就是在1827年五六月间写作了《中德四季晨昏杂咏》组诗。歌德读了《花笺记》后，被《花笺记》的优美叙述文字和委婉曲折的情节深深打动，他激情满怀地写下了这部动人的诗篇。

这是一部有着中国情调、富有中国元素的作品。

第三部分 生活本真的思考

德国一位专门研究歌德的著名学者卫礼贤，在分析歌德写《中德四季晨昏杂咏》一诗的创造过程时说："总括地说一句，歌德在写这十几首诗时是受看《花笺记》的冲动，心情是很不平静的。他把由那本书里所得到的冲动，放在脑筋里融化组合过。他接受冲动的态度是活的，不是死的。因为他能够鲜活地理解这些冲动，深深地钻进它的幕后，所以他的思想能够和中国的真正精神，直接地深深吻合。"

《中德四季晨昏杂咏》由14首诗组成，大多是四行或八行的抒情诗和格言诗，表现了花园中的季节变换，营造了中国诗人对大自然和美好生活的情致，表现了作者对大自然、生命和社会的认识和领悟。歌颂了爱情，歌颂永恒的情感和人类的意志。在组诗中，中德两种意象相互交织，中国的意象完好地表现出一种美好与宁静。最具中国意象的含蓄表述爱情方式的，见第6首：

杜鹃一如夜莺，

欲把春光留住，

怎奈夏已催春离去，

用遍野的草麻蓟草。

就连我的那株树

如今也枝繁叶茂，

我不能含情脉脉

再把美人儿偷瞩。

彩瓦、窗棂、廊柱

都已被浓荫遮住；

可无论向何处窥望，

仍见我东方乐土。

艺术成就的辉煌顶峰

歌德的晚年是在辛勤的创作中度过的。歌德预见"世界文学"一定到来，这种信念鼓舞着他、激励着他。他恢复了创作的青春，出现了第三次创作高峰。

1814—1832年，歌德创作了大量的作品，续写并完成了他前期未完成的作品，完成了他一生中所有的重要创作。其作品饱含着他对人生岁月的感念和理解。

1829年，歌德完成了小说《威廉·麦斯特的漫游时代》，这是1796年写成的《威廉·麦斯特的学习时代》的续集。

"威廉·麦斯特"系列分为《威廉·麦斯特的学习时代》和《威廉·麦斯特的漫游时代》两部小说。这两部小说歌德用了50年时间才写成。从书名上看，两部作品应是紧密联系、贯穿一致的。但实际上它们在内容上却没有太多的连续性，反映的是歌德时代广阔的现实生活。歌德把他一生的经验、认识和理想都倾注在这部巨著里。小说要求"活动"、赞美"劳动"、推崇"创造"的思想，引导人们在社会中应有积极向上的心态和奋进的方向。这期间，歌德的艺术成就达到了辉煌顶峰。

《威廉·麦斯特的学习时代》

《威廉·麦斯特的学习时代》是一部风靡整个德国的成长类小说，是德国成长小说的巅峰之作。它描写了一个青年的成长历程，包括内心的发展和道德的完善过程，在文学史上被称为教育小说或发展小说。

主人公威廉·麦斯特是商人之子，从小就热爱文学艺术，很喜欢看戏。他满怀理想，是个浑身充满朝气的热血青年。他不满足平庸的市民生活，鄙视市民阶层的唯利是图，想要摆脱狭隘的环境，向往广阔天地和更高理想的追求，他寄希望通过戏剧艺术和美育来改造社会。

小说描述了他的不满情绪和想摆脱小市民的狭隘圈子的思想，记叙了他走向充满活力和理想世界的过程。青年时代的他爱上了女演员马利亚娜，两人同居并有了一个孩子，他们共同憧憬美好的未来。后来由于发生误会，威廉怀疑马利亚娜对自己不忠实而离开了她。爱情的波折对他是一个重大的打击，他加入了一个流动剧团，到处演出。但混沌污浊的戏剧界，令他的奋斗陷入迷惘。威廉四处漂泊，接触了种种世态炎凉，但他并不失善良和敏感的天性。他把孤苦的小姑娘迷娘从被虐待中拯救出来，又把浪迹天涯的竖琴老人收留下来，还同情着被遗弃而忧郁致死的奥勒丽。威廉目睹了人间的不幸，参加了罗塔利奥及其朋友们组织的秘密团体，找到了失散多年的儿子菲利克斯。他从事改良社会和献身人类的工作，成为不断追求人性完善和崇高社会理想的探求者。威廉由最初寻求戏剧艺术，到最终得到了人生艺术。

小说主人公通过不断地克制自己、完善个性，让自己成为一个所谓完整的人而投身于现实生活。他经历过错误，陷入过迷途，最后达到理想的境界。小说主人公把为人类服务和为个人奋斗当作目标，以集体生活、共同劳动、互敬互爱为社会理想，表达了作家对现存社会的否定和对自由、平等的乌托邦社会的向往。

《威廉·麦斯特的漫游时代》

《威廉·麦斯特的漫游时代》写于1821年，经过1825年的修改和扩展，于1829年脱稿。小说描述的是保证个性协调发展的社会理想和教育主张。歌德写这部小说时，正是空想社会主义思想广泛传播的年代。和其他空想社会主义者一样，歌德在小说中描绘了他的社会理想。

一本书读懂歌德

小说结构松散得出奇，是用日记、书信、谈话、观感、格言、诗歌、故事等拼凑而成的。既没有突出的中心主题和连贯的情节，也没有中心人物。威廉·麦斯特的出现只起穿针引线的作用。威廉带着儿子菲利克斯通过漫游，认知了现实生活，对人生得出了一个最终结论：实践活动乃是人生的目的。威廉把儿子送进了"教育省"。教育省是相当于一个行政省的地区。这完全是歌德创造的一个"理想国"。在这个理想国里，人人都是平等的，每个人要对己对人都有用处；个人主义受到批判，集体思想得到颂扬。不管个人努力的目标是什么，单枪匹马总是没有力量的，合群永远是一切有善良思想的人们的最高需要；劳动受到赞誉，要一生献身劳动；创造性得到推崇，每一秒钟都应该有所创造。在这里，孩子们要在学习和品德修养上受到严格的训练，要锻炼身体，要根据自己的喜好掌握一门手工业技术。在为整个社会福利而劳动的思想指导下，威廉也认识到，掌握一门手艺，才能为他人造福。为此，威廉选定了外科医生的职业。他学会了医疗技术，成为一名外科医生，为全人类谋福利。最后，他与妻儿团圆，结束漫游。

小说主人公通过不停地探讨理想的社会制度，把人培养成为有益于社会的人，强调个人和集体都必须投入到持续不断的创造性劳动中去。小说更多地运用象征和寓意来表达作者的理想，结构比较松散。

小说也明显地暴露了歌德的某些偏见和弱点。威廉在人生的探索中，偏偏在贵族田庄里找到落脚点。这种以为只有在开明贵族中才能找到自己的理想的观点，正是魏玛宫廷生活在歌德身上留下的烙印，也是他认为贵族比市民优越这样一种偏见的反映。歌德一生都在思考着改变现实的道路。小说主人公的生活轨迹，在很大程度上体现了歌德关于这个问题所持的观点。这是幻想在德国现存的政治和社会制度的基础上寻找自己理想的道路，实际上这条路是走不通的。

"威廉·麦斯特"系列是歌德小说的代表作。其内容之丰富，规模之巨大，创作时间之长，花费精力之多，都说明它是歌德的作品中仅次于《浮士德》的作品。同年，歌德还完成了《意大利游记》第三部。

《诗与真》，诗人自我审视

由于友人的要求，1811年，歌德开始写他的自传《诗与真》。1830年完成了《诗与真》第四部。它记叙了歌德从出世起到进入魏玛时为止的一段生活经历，展现了他的世界观的形成过程，其中对当时社会政治和文学方面的各种现象也有许多评论。

在《诗与真》的自序里，歌德谈到了一位朋友的来信，这位朋友通读了歌德的全部诗作，为了对歌德的作品有更全面的了解，请求歌德将作品按照写作年代的顺序编排并加以说明，再谈谈写作素材，讲讲影响歌德的先贤和榜样。因此，应朋友的要求，歌德开始了写作自传的工作。

从1806年起，《歌德著作集》开始陆续出版。到1808年，12卷全部出齐。歌德将这12卷的著作集所收的作品挑选出来，按照年月的顺序重新排列，对作品写作的意图加以注释。按照这个写法，到1813年写完了前3部，最后一部是在爱克曼的帮助下，在1831年才完成。歌德为后人留下了一份宝贵的有关他自己成长的资料。

《诗与真》是歌德晚年断断续续写就的，对于往事，特别是少年往事，他是以俯视的态度在审视自己。他认为，一个人最有意义的时期是他的发展期，过了这个发展期，与世界的冲突就开始了，这种冲突只有产生结果，才显得有意义。

歌德的《诗与真》，体现了他一生的文学创作活动，这里面有他思想的留痕，有他对真理的执着，有他豁达的人生态度。从他创作的年表上看，歌德的一生都在创作，他的文字在他生命的长河里熠熠闪光，在世界文学史上占有重要的位置。

《浮士德》，知识分子的百年求索

诗剧《浮士德》的创作贯穿了歌德的全部创作生涯。浮士德的故事最早见于16世纪德国的民间传说。这个题材吸引了众多作家，出现了许许多多的演绎作品。

早在1771年，歌德在法兰克福的时候就对浮士德这一题材感兴趣，1773年就开始构思并动笔写作。1775年完成了《浮士德初稿》，1775年暂时停笔。1786年去意大利旅行时在原稿基础上增删修改，并写了《魔女之厨》《林窟》。1790年《浮士德片段》发表，吸引了席勒的注意力。

1794年，歌德与席勒结交后，席勒一直关注着歌德的《浮士德》。席勒对歌德的草稿《浮士德》很认可，并对歌德的作品提出了建议，要将浮士德的活动引入实际生活中。这样就确定了作品的主题思想，浮士德不再是单纯的个人，而是人类的代表。浮士德的经历也不再仅仅是他个人的经历，还是人类发展的缩影。在席勒的一再建议和催促下，歌德开始了对《浮士德》的第三次创作。

1806年，歌德完成了《浮士德》第一部，于1808年发表。第一部写作时间长达20多年，这时席勒已经去世了。1831年，歌德在爱克曼的催促和帮助下，完成了《浮士德》第二部，于1832年发表，这时歌德已经逝世了。

《浮士德》写作总体时间近60年之久。完成了《浮士德》这部巨著，歌德似乎完成了自己生命中的全部追求。歌德对爱克曼说："我今后可以把它看作纯粹的赠品了。我将来是否在做什么，都是一样的了。"

对于《浮士德》的完工，歌德很是欣慰，因为这是他用毕生精力建构出来的史诗性巨著，是用一种神圣纯洁的心态创作出来的于他本人有着非凡意义的巨著。《浮士德》在世界文学史上占有极其重要的地位，浮士德在世界文学史上成为不朽的形象。歌德在文学领域里奋斗了一生，硕果累累，就像剧中的浮士德，他的心满足了。

诗剧《浮士德》是歌德一生思想和创作的总结性作品，是所有的浮士德题材作品中最好的作品，它的呈现形式是有歌舞的诗体，具有史诗般的宏大场面和规模，具有莎士比亚式的悲剧性质。

关于《浮士德》的主旨，歌德在1827年5月6日对爱克曼说："有人问我在《浮士德》里体现的是什么观念？我告诉他们，从天上来，通过世界，下到地狱，这些当然不是空的，但这不是观念，而是动作的情节过程。""浮士德在与恶魔的打赌中，在迷途中挣扎，在向美好境界的进发中，最后得到了拯救。"通过浮士德几个阶段的追求，歌德写出了一部人类灵魂发展史，一部时代精神的发展史。浮士德在最后一幕剧中，从"自我中心主义"向"人民本位主义"的转化，使他获得救赎。他认识到"自由的土地""自由的国民"的虚幻，"民主与和平""慈爱与宽恕"还在远方，"永恒的女性"是一切美好的象征。歌德描绘了人类的前途和理想，阐释着人生的意义和价值。

歌德塑造的浮士德，其经历代表着知识分子对世界的探索，是人类精神世界由低级向高级的发展历程，这里凝聚着歌德对社会、历史和人生的真知灼见，体现着对文艺复兴以来到19世纪这300年间欧洲文化的反思。

戏剧创作成果

歌德的文学创作包括了几乎所有的文学体裁，戏剧创作是他全部创作中最重要的部分，他一生中完成的和未完成的剧本有70余部，其中有巨著，也有化装游行剧一类的剧作。

歌德在"狂飙突进"时期写了大量的剧本，他的剧本可分三类：

第一类：继承汉斯·萨克斯的传统写法，富有民间传统特色的狂欢节剧和讽刺性滑稽剧。如《诸神、英雄与维兰德》（1774）、《普隆德尔魏伦的集市》（1774）和《帕得·希莱的狂欢节剧》（1774）。

第二类：描写爱情与婚姻问题的剧本。如《克拉维哥》（1774）、《史推拉》（1775）和《兄妹》（1776）。

第三类：充满"狂飙突进运动"时代精神的剧本《葛兹·冯·伯利欣根》（1773）和《哀格蒙特》（写于1775年，发表于1788年）等。

歌德在莱比锡上学期间就写了牧童剧《恋人的情绪》、喜剧《同谋犯》。《葛兹·冯·伯利欣根》是第一部真正具有歌德特色的作品，使歌德成为"狂飙突进运动"的领袖。这部剧作无论是思想内容，还是形式，对"狂飙突进"时期的戏剧都有很大的影响，体现了个人享有自由的思想。在创作手法上，歌德把历史上的事件作为悲剧的创作素材再创作，赋予其不同的社会意义和人性思考，这种手法具有创新性。在戏剧结构方面，歌德抛弃了古典戏剧的规则，整部戏由一个个叙事式的画面组成，没有紧密的逻辑关系。场景和地点多次更换和变动展现了戏剧的创新。

悲剧《伊菲格涅亚在陶里斯》（1788）被文学史家看作是歌德古典文学时期的第一部作品。该剧根据欧里庇得斯的《伊菲格涅亚在陶洛人里》悲剧写成。在歌德的笔下，主人公伊菲格涅亚成了人道主义的象征，该剧在形式上回到古典剧的轨道，严格遵守"三一律"，整部戏剧和谐完整、优美宁静。

《托夸多·塔索》是一部古典悲剧。该剧描写了文艺复兴时期意大利诗人塔索在宫廷里的遭遇。在理想和现实矛盾的时候，塔索寻求的是和解，导致精神上的崩溃，这是知识分子在思考人生道路问题时思想局限的悲剧。

法国大革命以后，歌德写了几部政治剧。如《大科夫塔》（1790）、

《市民将军》（1793）、《激动的人们》（1793）等。剧情大都直接或间接与法国大革命有关，作品的倾向是反对暴力革命，主张改革。

《浮士德》是歌德戏剧创作的最高成就，该剧贯穿了他的全部创作生涯，掺杂着他对人生的许多感悟和他对事业孜孜不倦的追求。

这部巨著表现了诗人全部生活和艺术实践体验，是诗人毕生劳动和不断探索的思想总结和艺术总结，它不仅是德国文学的巨著，也是世界文学中的珍品。它为欧洲浪漫主义文学和批判现实主义文学积累了宝贵的艺术经验，在文学史上有特殊意义和重大贡献。它与《荷马史诗》、但丁的《神曲》、莎士比亚的《哈姆雷特》并列为欧洲文学的四大名著。

歌德创作的戏剧还有：《普罗米修斯》（1773）；《新的道德——政治木偶戏》（1774）；《布雷伊长老的谢肉节剧》（1774）；《克拉维哥》（悲剧）（1774）；《欧文和埃尔米勒》（配唱戏剧）（1775）；《史推拉》（1775），为恋人们写的戏剧；《私生女》（悲剧）（1804）；《平民将军》（喜剧）（1793）等。

2. 西沉的太阳（1832.3.22）

歌德的身体向来很健康，他那威严的仪表使他即使到了老年也显得精力充沛。

1831年8月28日是歌德人生的最后一个生日。为了躲避人们对他82岁生日的盛大庆祝，他带着两个孙儿及仆人，来到了伊尔梅瑙。这是他最后一次离开魏玛了。

8月27日，歌德在当地山区视察员的陪同下，从伊尔梅瑙出发去加贝尔巴赫。这是一条当年走过的山路，他曾经在这里写了一首小诗，题在山顶小屋的板壁上。歌德兴奋地走到了那座木板的三层小楼，找到了小屋南墙上的用铅笔写的《游子夜歌》：

群峰之巅

静悄悄，

树梢之间

你难觅

一丝微风；

小鸟深宿林丛。

不消多等！

你也归来其中。

50多年过去了，诗还在，人却老了。歌德诵读着这首小诗，泪水流了下来，特别是这最后一句，触动了歌德的心境。

歌德的生命力是那样旺盛，他的朋友、爱妻、独子，还有魏玛公爵，都已离开人世。而他已是年过八旬的老人，他能像浮士德那样，喝魔汤就能返老还童吗？

死神终于光临这位老人了。

1832年3月15日，歌德乘马车去外边散步，受了凉，患了重感冒，回到家就病倒了。他胸部疼痛，面色如土，饮食困难。病情时好时坏，歌德预感到自己将不久于人世了。

歌德生前居住的卧室

21日早晨，他翻看了一本有关法国七月革命的书，然后他向

第三部分 生活本真的思考

家人问了日期，并且说："这样，春天已经开始，我可以更快地复原了。"随即入睡。

22日，歌德迎来他生命的最后一天。上午9时，歌德陷入了昏睡状态，最后一次苏醒时，他睁开眼睛，感觉精神许多，便坐起来与儿媳妇说了一会儿话。他觉得屋子里太暗，便望着窗户喊道："打开百叶窗，让更多的光进来！"他坐在床边的椅子里，面容十分安详。家人一时都很宽心，想让他多休息一会儿。10时，歌德要求给他一点儿酒。人们听到他的最后一句话是："来，我的小女儿，把小手递给我。"人们最后看到他的右手在空中是书写的姿势，随后他的手垂落下来。中午11点30分的时候，这位83岁的老人闭上了眼睛，从此再没有睁开。德国最伟大的作家、世界最伟大的诗人之——歌德，就这样与世长辞了。

1832年3月22日，83岁高龄的歌德在魏玛辞世，世界文坛陨落了一颗光芒四射的巨星。歌德的女婿奥特勒发表讣告，说他在短期病痛之后，"直到最后一口气仍是头脑清楚，感情细腻"。

爱克曼在回忆中这样记叙着他的恩师：他仰卧着如同睡着了一般，他高贵的脸充满着祥和和安定，仿佛还继续思考着某件事情。

3月26日，在举行遗体告别仪式之后，举行了隆重的葬礼。

歌德的安息之处位于城南的历史墓地。墓地内有一个专为魏玛公爵家族修建的白色陵殿。陵殿门首撑起四圆柱，里面为一

歌德和席勒的墓地

厅堂，屋顶是蓝色的拱形盖。墓室建在陵殿地下。本来墓室里只安葬公爵家族，但卡尔·奥古斯特公爵认为，歌德和席勒是"诗界的诸侯"，也应该在此有一席之地，这样公爵死后也能接近两位诗人。所以歌德的棺椁就安放在公爵的地下墓室里，安放在席勒的棺椁旁。这是1827年歌德在迁移席勒墓时亲自选定的墓址。

德国的文坛泰斗就这样永远安息在魏玛的土地上。

歌德曾经这样谈论生死："西沉的永远是这同一个太阳，一个活了75岁的人，总难免思考死亡的问题。不过，我对此并不感到恐惧，因为我深信人类的精神必将生生不息地得以流传，就像这太阳，肉眼看来好像是落下去了，但实际上它永远不落，光辉依然。"

歌德的一生有如他曾写过的《墓志铭》：

少年时孤僻而倔强，

青年时狂妄而固执，

壮年时敢作又敢为，

老年时直率而怪癖！

——正因为如此，你的碑上便可刻着：

一个真正的人在此安息！

第四部分 主要作品介绍

我感到我已有闯荡世界的勇气，去把人世间的苦与乐担当。

第四部分 主要作品介绍

《少年维特之烦恼》

《少年维特之烦恼》是德国文学中第一部在世界范围内产生了巨大影响的作品，被视为"狂飙突进运动"时期最重要的小说。它在德国混乱而虚空的社会现实中透出顽强的生命活力。小说表达了一代青年要求摆脱封建思想的束缚、建立合乎自然的社会秩序和平等的人际关系、实现人生价值的心声，体现了当时德国进步青年的情绪。这部小说发表后引起青年人的强烈共鸣，受到了青年人的欢迎，很快形成一股"维特热"风靡欧洲。《少年维特之烦恼》这部小说奠定了歌德在世界文坛上的地位。

《少年维特之烦恼》是一部用第一人称写成的书信体小说。全书共分三部分：第一、第二部分由主人公维特给友人威廉和女友绿蒂的书信构成，第三部分是本书"编者"威廉写的后记。

【时代背景】

18世纪下半叶，德国发展到了一个新的历史阶段，市民阶层和贵族的矛盾日益加深。德国的一批年轻知识分子在法国启蒙运动思想家卢梭的影响下，渴望自由、平等、民主、博爱。他们要摆脱封建束缚、解放个性，要建立符合时代的社会秩序。他们对封建专制暴政和不平等的社会制度发起了反抗活动。由于缺少爆发政治革命的条件，青年们主要在文学领域展开了运动，这就是著名的"狂飙突进运动"。"狂飙突进运动"促进了德国民族意识的觉醒。歌德的小说《少年维特之烦恼》正是在这样的背景之下产生的，它作为文学运动的创作实践推动了"狂飙突进运动"。

《少年维特之烦恼》发表在法国大革命之前的1774年。这一年欧洲正处在从封建社会向资本主义社会过渡的转折时期。当时欧洲的社会、文化、思想正面临着伟大的历史转折，封建社会的彻底崩溃已是无可挽回，资本主义时代正在微露晨曦。但是德国的状况却与此形成了鲜明的对照。德意志民族的神圣罗马帝国四分五裂，封建割据邦国林立，战乱连绵不断，农业、手工业、商业极端凋敝，封建势力根深蒂固，人民在苦难中呻吟。一方面，市民阶级经历了文艺复兴和启蒙运动，阶级意识开始觉醒，特别是青年一代，强烈要求改变自身政治上无权和社会地位低下的处境，认为人与人之间应该是"自然的""平等的"，并以"个性解放"和"感情自由"来反对封建伦理道德和等级制度，反对封建思想意识的束缚。另一方面，贵族阶级还很强大，尤其在德国，他们还牢牢控制着社会生活的各个方面。在这种现实面前，年轻又软弱的资产阶级中间普遍滋生出悲观失望、伤感多愁、愤世嫉俗的情绪，甚至愤懑自杀。这就是18世纪后期，感伤主义文学形成的现实基础。歌德运用现实主义的创作方法，在《少年维特之烦恼》中以第一人称真实地记录了当代青年心灵深处的隐秘，深刻地揭示了这个时期的社会特点，体现了"狂飙突进"的精神。

1772年5月，歌德按照父亲的意愿到韦茨拉尔的帝国高等法院实习。当时德国各邦国都在这里设有公使馆，歌德结交了一批公使馆的年轻官员，如凯斯特纳、耶路撒冷等。歌德不喜欢法律，加上上司对他工作的吹毛求疵，同事的戒备提防，他对这个职业更是兴致索然。

1772年6月9日，歌德在去郊外参加舞会的路上认识了当地法官亨利·布胡的大女儿夏绿蒂。夏绿蒂19岁，在家中担负着照顾亡母遗下的一群弟妹的责任。她温婉的仪表和贤淑的品德摄住了歌德的心。那次舞会后，歌德的心里装满了夏绿蒂。可是，夏绿蒂已经订婚，夏绿蒂也明确表示只能给歌德以友谊。正当歌德痛不欲生的时候，他的好友耶路撒冷因热恋一个朋友的妻子，无法排解情感，便借了朋友的手枪，在1772年10月30日的夜里自杀了。耶路撒冷的自杀，歌德对夏绿蒂单相思的体验和遭遇，加上他这几年来压抑的心情，是歌德创作《少年维特之烦恼》的起因。

《少年维特之烦恼》是歌德青年时期最早的、最好的作品。歌德于1774年2月开始动笔，经过4个星期，1774年3月完稿，于1774年秋出版。作品体裁为书信体小说，描写了一个有理想、有才能的进步青年维特在平庸、鄙陋的现实社会中，因怀才不遇和失恋而自杀的故事。歌德通过维特这个叛逆者与周围环境之间的矛盾，对当时德国的各种丑恶现象进行了深刻的批判，对封建的德国进行了公开的挑战。小说突出反映了德国当时进步青年的思想情绪，引发了感伤主义文学。

【故事梗概】

为了摆脱生活的烦恼，少年维特离开了家庭和很要好的朋友威廉，独自来到一个陌生的天堂般的小城市。

城郊有一座建在小丘上的房子，寂寥雅致，周围群山环绕，景色十分秀美。维特被这儿吸引住了，在这儿住了下来。

房前小丘下有一眼泉水，泉水从山下的大理石岩缝中喷涌而出，清澈透明。泉水四周砌了矮矮的井栏，大树的浓荫覆盖着周围的地面，凉爽宜人。维特每天都到这幽静的地方来坐一小时，看着城里的姑娘都来这儿打水，眼前浮现出古代宗法社会的情景：先祖们在水井旁结识、联姻，仁慈的精灵翱翔在清泉的上空。

维特逐渐认识了许多当地人，他爱和他们一起聊天，他们也喜欢维特、疼爱维特。他们或一起品尝佳肴，坦诚畅叙，开怀笑谈，或适时安排郊游，组织舞会。维特最高兴和孩子们一起玩耍，觉得他们是那样的天真纯洁，没有人情世故的烦忧。

离城大约一小时路程，有一个小村庄，叫瓦尔海姆，坐落在山坡上。村子中间有一个小教堂，还有一个酒店。两株菩提树伸展的枝丫覆盖了教堂前的农舍、谷仓和场院。这是一个很惬意的休息场所。维特常常让侍者从酒店里把小桌子和小椅子搬到菩提树下，边喝咖啡，边读那庄严宁静的荷马古诗。

一天下午，维特来到菩提树下，大家都下地干活儿去了，只有两个儿童坐在地上。一个大约4岁，一个才半岁的样子，小的偎依在大的怀里，黑眼睛在活泼地东看西望，但却一直安静地坐着。维特觉得这个景象自然可爱，便在对面的一张耕犁上坐下，兴致勃勃地画下了这兄弟俩的姿态。

又一天，维特正在这儿蹓跶，隔壁屋里出来一个青年农民，动手修理不久前维特画过的那张犁。维特便去同他攀谈，询问他的生活情况，不一会儿他们就熟了。那农夫告诉维特，他在一个已不年轻的寡妇家里做工，她对他很好。他讲了很多关于她的事，对她赞不绝口，维特觉察他对她已经爱得刻骨铭心了。他说："她被她前夫虐待过，不想再嫁了。"最后才讲，他多么希望她选择自己做她的丈夫，消除她前夫给她留下的创伤。这如此纯洁的企盼、感人肺腑的情景在维持的灵魂深处腾起了烈焰，这幅忠贞不渝、柔情似水的景象让维特自己也好像燃起了企盼和渴慕的激情。

这里的年轻人要举行一次乡村舞会，维特叫了一辆马车带上美貌的女舞伴和她的堂姐一同前往。走在路上，女伴对维特说，她要邀请绿蒂一道走。她说道："您将认识一位漂亮的小姐了。"马车穿过一片稀疏的大树林向庄园驶去。女伴说："您得小心。"堂姐插话说："别堕入情网呀！""为什么？"维特问。舞伴答道："她已经订婚了，同一个挺棒的小伙子订婚了，不过那个小伙子现在不在家，他父亲死了，他去料理后事去了。"维

第四部分 主要作品介绍

特听着，对于这个消息一点儿也没介意。绿蒂的父亲是个侯爵，在城里当法官，妻子死后才把家从城里迁到乡间的庄园来。

马车到了庄园门口的时候，太阳还没落山，天气很闷热。维特下了车，由女仆领着穿过院子，朝精心建造的屋子走去。上了屋前的台阶，正要进门时，一幕动人的景象跃入他的眼帘。

这是一间大屋子，屋中一张桌子旁，有好几个孩子围拥着一位容貌秀丽的姑娘。姑娘中等身材，风姿绰约，穿一件简朴的白色衣服，袖口和胸襟上系着粉红色的蝴蝶结，衬托出体态的轻盈优雅。她手里拿着一个面包，根据孩子的年龄切下大小不同的面包，亲切地分给他们。弟妹们都向她张着小手，像雏鸟一样在等待哺育，等拿到了自己的那一块，天真地说声"谢谢"，便蹦着跳着跑开了。

看到维特进来，她略带歉意地说："对不起，让你们久等了。刚才换衣服，又整理了一下屋子，就忘了给我的弟妹们分面包了，他们不要别人切的面包，只要我切的。"

维特随便客套了几句，他的整个灵魂全都停留在她的容貌、声调和举止上了。孩子们站在离维特不太远的地方看着维特，年纪最小的孩子脸蛋特别逗人喜爱，维特便朝他走去。这时绿蒂正好从房里出来说："路易斯，跟这位表哥握握手。"这孩子便落落大方地同维特握了手，维特情不自禁，就亲呢地吻了他。维特向绿蒂伸出手去时说："您认为我有这份福气做您的亲戚吗？"绿蒂莞尔："我们的表兄弟多着呢，倘若您是表兄弟中最差劲的一个，那我会感到遗憾的。"

路上，他们热烈地交谈起来。绿蒂也看过许多书，她很有见地，能正确地评价一些作品。维特竭力掩饰自己的激动，情不自禁地谈起威克菲尔德牧师。维特谈得起劲儿，把同车的另外两个姑娘都给忘了。

到了舞场，维特连续跟几个姑娘跳了舞，他觉得她们都太笨了。轮到图形舞大家一起跳时，维特心里那份惬意呀——看，绿蒂的舞跳得那么投入，她的全部身心都融入了舞蹈，她的整个身体非常和谐，她是那么逍遥自在，那么飘逸潇洒，仿佛跳舞就是一切。维特请她跳舞，她说最喜欢跳德国舞。维特随即握住她的手，约定跳到最后。开始跳华尔兹了，她跳得又轻快又动人，维特从未感到如此怡然轻快过，维特已飘然欲仙了，世界上好像就只有他们两个人似的。在跳英国舞的时候，一个中年妇女跳到绿蒂身边时连说了两声"阿伯尔"。维特问绿蒂："阿伯尔是谁？"绿蒂说："阿伯尔是一个好人，我和他已经订了婚。"绿蒂订婚一事女舞伴已经告诉维特了，只是维特并没有把这消息同眼前的绿蒂联系起来，但现在她在维特心中已经变得无比宝贵。维特这时方寸大乱，魂不守舍，把整个舞场都跳得混乱了，多亏绿蒂沉着镇定，将维特连拉带拽，才使秩序迅速得以恢复。

舞会结束后，维特同绿蒂告别时，请求她允许自己再去看她，得到她的首肯，维特就离开了。从此，日月星辰悄悄地升又悄悄地落，维特却不知白天和黑夜，周围的世界都消失了，他的心中只有绿蒂的形象。

维特把家搬到了瓦尔海姆，这儿距离绿蒂的家只有半个小时的路程。维特几乎天天都到绿蒂家里，与她的弟妹们玩耍，和他们成了最好的朋友。维特在小事情上看到了他们将来美好的品德和力量的萌芽，在他们的执拗中看出他们未来性格的坚定和刚毅，在他们的任性和乐观中看出足以化解世道险阻的良好的心态和洒脱的风度。而这一切又是如此纯洁，点污未沾。此时，维特体验着人生的一切幸福。

一天，他们许多人一起出去游玩，男的步行，女的乘马车。维特站在那儿看绿蒂上车，他的全部心思都陶醉在看她的目光里，可她的眼睛却偏偏不落在维特身上！马车走了，维特眼含泪水，目光跟随着她的马车，突然他看见车门口露出绿蒂的头饰，她转过头来，在张望。"啊，是看我吗？"

第四部分 主要作品介绍

维特心中叫道，他从她乌黑的眸子里看出她对自己命运的关心，感到无限幸福。

他们在一起的时候，当他的手指无意间触到她的手指，或者他们的脚在桌底下相碰的时候，啊，热血便在维特全身奔涌，维特像触着火一样。维特感到晕乎乎的，像腾云驾雾一样。当绿蒂谈话时把手搁在维特的手上，嘴里呼出美妙绝伦的气息，这时的维特就像挨了电击。她纯洁无瑕，她的灵魂毫不拘谨，全然感觉不到这些细小的亲密举动使维特受到多大的折磨。在维特心目中，她是神圣的。在她面前，一切欲念都沉寂了。

早上醒来，维特愉快地望着美丽的太阳喊道："我要去看她！"一整天就再也不想干别的了，一切的一切都交织在这期望中了。他无比快乐，对大自然一块小石子、一棵小草的感觉也如此充盈、如此亲切。

维特动手画绿蒂的肖像，都不满意，后来维特就为她剪了一幅剪影。维特在沸腾、焦灼的情感中已是神魂颠倒了。然而这时，绿蒂的未婚夫阿伯尔回来了。

阿伯尔是一个沉静、理智、英俊、可爱的人，凡事都遵循常理，很注意自己的言行，从来不感情冲动。阿伯尔很爱绿蒂，他爱她的柔善、勤勉，她的母性的美。

阿伯尔沉着的外表同维特无法掩饰的性格形成了十分鲜明的对照。维特知道自己不能够过多地接近绿蒂了，他悲哀地感到待在绿蒂身边的快乐时光已经过去了。但他忍不住，走着走着，不知不觉就到了绿蒂家。看到阿伯尔陪着绿蒂在花园的凉亭里坐着，他就不能再往前走了。每当发现她一人独处时，维特就喜不自胜。

绿蒂虽有维特般激越的情感，但她安于既成事实，不愿再辟新路。阿伯尔对维特很好，他们一起散步，他向维特谈起绿蒂贤淑的母亲，母亲临终前把家和孩子都交付给绿蒂，又把绿蒂托付给他。从那时起，绿蒂体现出完全不同的精神面貌，她井井有条地料理家务，严肃认真地照看弟妹，俨然成了一位真正的母亲。她时刻怀着热烈的爱心，兢兢业业地劳动，然而，难得的是她并没有失去活泼的神情和无忧无虑的天性。

阿伯尔要在这里住下了，他在侯爵府上找了个薪俸颇丰的职位。8月里的一天，天气很好，维特想骑马到山上遛一遛，就到阿伯尔那儿去告别。维特在他房间里看到一把手枪，很感兴趣，"把手枪借给我吧，"维特说，"我出门好用。"便拿起来摆弄，将枪口对准自己的额头。阿伯尔瞥见，马上一把夺了去，叫道："你要干什么？"

维特说："枪里没装弹药。""那也不能这样。"他极不耐烦地加了一句，"我不能想象，竟会有人愚蠢到会自杀，单是这种念头就让人恶心。"

"人就是这样。"维特冷冷地说，"当碰到什么事情，马上就要说，这是愚蠢，那是聪明；这是善，那是恶，到底这事是什么原因引起的，却不去追究。要是真知道了原因，恐怕就不会那么轻易地下判断了。"

"你得承认，"阿伯尔说，"某些行为的发生无论出于什么动机，其本身就是一种罪恶。"

维特耸了耸肩，说："这里也有例外，比如说偷盗是一种罪恶，但有的人偷盗却是为了把他的亲人从饥饿中解救出来。你说这种人是该受怜悯呢，还是该受惩罚？对于那种因不可抑制的爱情而失身的女子，就是法律也要体恤，冷血的道学家也要感动的。"

"那是另外一回事。"阿伯尔回答说，"因为一个人受了激情的驱使，失去了理智，只能把他看作醉汉、看作疯子。"

"哟，你们这些有理智的人。"维特禁不住叫道，"激情！酩酊大醉！疯狂！你们这些品行端正的人，连一点儿同情心也没有！我可是不止醉过一次。我觉得，凡是为成就伟大事业，做了看似不可能的事的，都是出类拔萃的人，可是他们却从来都被骂作醉汉和疯子。"

第四部分 主要作品介绍

"你这又在异想天开了。"阿伯尔打断他，"你就喜欢夸张，怎么把自杀扯到事业上去了？"停了一下，他又说："自杀不管怎么说都是懦弱的表现，因为比起顽强地忍受痛苦生活的煎熬，死当然要轻松得多。"

维特用力压住心头的火，说道："你说自杀是软弱？我请你不要被表面现象所迷惑。一个民族，一个在难以忍受的暴君压迫下呻吟的民族，当他终于奋起砸碎自己身上的锁链时，难道你能说这是软弱吗？一个人家宅失火，他大惊之下鼓足力气，轻易地搬开了他头脑冷静时几乎不可能挪动的重物；一个人受到侮辱时，一怒之下竟同6个对手较量起来，并将他们一一制服，能说这样的人是软弱吗？"

阿伯尔凝视着维特，说："怪论，你举的这些例子，在我看来和我们讨论的事是风马牛不相及的。"

"不见得有这么怪吧？"维特接口道，"人的天性都有其局限，它可以经受欢乐、悲伤、痛苦到一定的限度，一旦超过这个限度，它就将毁灭。"

维特继续说："无论是在道义上或肉体上，我认为，把一个自杀者说成是懦夫，正如把一个死于恶性热病的人称为胆小鬼一样，都是不合适的，这两种说法同样是离奇的"。维特举了前不久一个女子因失恋而投水自杀的例子，来说明人如果寻不到出路就不得不死，但他无论如何也说服不了阿伯尔。最后，维特感慨万千，便戴上帽子和阿伯尔分开了。在这个世界上一个人要理解另一个人是多么不容易呀！

清晨，维特从梦中醒来，保持着向绿蒂伸出双臂的姿势，结果是竹篮子打水；夜里，维特梦见自己坐在绿蒂的身旁，千百遍地吻着她的手，醒来后的维特在床上找她，床上却只有他一个人。一股心酸由维特压抑的心中进涌而出，面对昏暗的前程，维特绝望地哭了。

维特生日那天，一大早就收到阿伯尔的一个小包裹。打开包裹，一个粉红色的蝴蝶结即刻映入眼帘。维特与绿蒂初次相识时，她胸襟上就结着这个蝴蝶结。包裹里还有两本荷马诗集，这些东西，都是维特早就想要的。看到他们这样善察人意，总是想方设法送给一些维特喜爱的小礼品，以表达他们的友情，维特心中更加难过。忧郁和沉闷压抑着维特，维特必然得走开。

近两星期以来维特在反复考虑离开绿蒂的事情。维特的朋友威廉来信劝维特离去，维特感谢他坚定了自己动摇的心。9月里的一天，维特终于决定离开绿蒂。

这天，维特约阿伯尔和绿蒂晚饭后一起到花园里坐坐。

维特早早地吃了晚饭，来到他们常去的山坡草坪上。维特沉浸在离别的惆怅和再次见面的欢愉中，思绪万千。大约等了半小时，就听到他们的脚步声。维特便跑着迎了上去，怀着战栗的心情吻了绿蒂的手。

他们漫无边际地闲聊，不觉已走近了黑黢黢的凉亭。绿蒂走进去，坐了下来，阿伯尔挨着她而坐，维特也坐在她身边。可是，维特心情不安，难以久坐，便站起身来，在绿蒂面前来回走了一阵，又重新坐下。绿蒂首先开口，话语中流露出忧伤。"维特每次在月光下散步总会想起过世的亲人，死亡、未来等问题总会袭上我的心头。我们都是要死的！"她转向维特，声音里充满了感情，"可是，维特，我们死后还会重逢吗？会重新认得出来吗？您怎么想？您怎么说？"

"绿蒂，"维特握住她的手，眼中闪动着泪花，"我们会再见的！会在这里或别处再见的！"

"过世的亲人是否知道，是否感觉得到，我们幸福的时候总是怀着温馨的爱追念他们呢？啊！在静静的夜晚，坐在妈妈的孩子中间，坐在我的弟妹中间，我母亲的身影就会浮现在我的眼前。我在她临终的时候，发誓做她孩子的母亲，我是尽我所能地做了一切。啊！敬爱的母亲，您要能看见我们的和睦，您一定会怀着最热烈的感激之情赞美上帝，赞美您含着最

第四部分 主要作品介绍

后的痛苦的泪水祈求他保佑您的孩子的主。"

"你太激动了，可爱的绿蒂！"阿伯尔温柔地插话说，"你心里总在想着这些事，但是，我求你……"

但绿蒂继续讲了下去："上帝知道我的泪，我常常跪在床前含泪祈求上帝，使我马上能代替母亲抚养弟妹。"

"绿蒂！"维特喊着跪倒在她跟前，拿起她的手，让它浸在自己的热泪之中，"绿蒂！上帝会赐福给你，你妈妈的灵魂也会保佑你！"

"您要是认识她该多好，"她一边说，一边握住维特的手，"她是值得您认识的！"听了这话，维特差点晕了，还从来没有人以如此崇高、如此敬佩的话称赞过他呢。

"上帝呀！有时我想，当生活中最爱的人让人抬走的时候，最感到伤心的是孩子，很久以后他们还在抱怨穿黑衣服的人抬走了妈妈！"她站起身来，"我们走吧，夜已经深了。"

维特依然坐着，浑身发抖，紧紧握着她的手。"我们会再见的！我们一定会再见的，无论变成什么样子，我们都彼此认得！"他站起来，"我走了，我是心甘情愿地走的。再见吧，绿蒂！再见吧，阿伯尔！"

绿蒂戏谑地说："我们明天再见吧。"她把手抽回去，与阿伯尔一起朝林荫道走去。

维特目送他们在月光中离去，扑倒在地，放声大哭，随后又一跃而起，奔上坡台，站在这里还看得见下面高大的菩提树的阴影，看得见她的白衣服在树荫中闪动。维特伸出双臂，但她的身影已经消失了。

10月20日，维特来到公使馆，当了办事员。维特希望在工作中求得解脱。

公使是一个墨守成规又十分迂腐多疑的人，他从来没有满意的时候，对谁都看不顺眼，唠叨得跟老太婆一样。每次维特把拟好的文件交给他，他总是说："好是好，但是请你再看一遍，或许还会有更好的字句，更简洁的冠词。"同这种人共事，维特感到很苦恼。

在这里，维特发现了许多金玉其外、败絮其中的家伙，他们热衷的只是地位，他们的事业就是互相警戒提防，唯恐别人先逾一步。但也有另外一些人。维特认识了一位伯爵，他思想开明，很有抱负，维特对他的敬重与日俱增。同他的交往中伯爵表现出极重友情、富有爱心的品质。维特很尊敬他，他的友谊给了维特很大的安慰。

不久，维特散步时认识了一位冯·B小姐，她是位可爱的姑娘，在呆板的生活环境中仍保持着许多自然的天性，他们谈得很投机。之后他还去登门拜访了她。她不是本地人，住在这里的姑妈家。

维特虽然有殷实的家产，受过很好的教育，但由于出身市民阶层，便被贵族们看不起。他的聪明才智一点也得不到施展。他在给绿蒂的信中说："我现在陷入混乱的状态之中！我在可悲的巢穴里，周旋于陌生的、对我的心来说是完全陌生的人群中。我的神智完全枯竭了！我的心没有片刻的充实，也没有片刻的欢乐！什么也没有！什么也没有……这里我发现的唯一有趣的女性就是冯·B小姐。她很像您，感情很丰富。"

3月里的一天，维特到伯爵家去吃饭。恰巧晚上贵族社会的先生太太要在伯爵家聚会，伯爵在大厅里同客人们闲谈。聚会的时间就快到了，客人们越来越多了，有肥胖如鹅的小姐，有穿着古式大礼服的侯爵老爷。维特从心里就反感，正准备向伯爵告辞时，B小姐进来了，所以他就没有走，站在她的椅子后面和她说话。过了一阵子他才发现，她的谈话没有平时那么坦率，而且有点发窘。维特和几个认识的人交谈，他们一个个也都只有三言两语，爱理不理的样子。维特注意到大家都带着傲慢的神情看着自己。终于，一位夫人跟伯爵说了几句话，伯爵随即走到维特身边，把他带到窗前，说："我们这种奇特的关系您是知道的，我发现，参加聚会的人都不

第四部分 主要作品介绍

愿意在这儿见到您……"维特没等他说完，便说："对不起！我本该早就想到的，我早就应该告辞了。"他鞠躬告别，悄悄溜出，坐上一辆马车，跑到山上去了。

这一来，维特成了众人注目的对象了，他不管走到哪里，都能看到嘲笑的眼光，听到讥讽的话。

第二天，维特在林荫道上遇到B小姐并向她表明，她最近的态度使自己受到极大的伤害。"哦，维特！"她用一种亲密的声调说，"你是知道我的心的人，你不知道我难过吗？从我踏进大厅的一刻起，看见你在那儿，我多么难过啊！"泪水从她脸上流下来，她擦了擦，又说："我姑妈你是认识的，她当时在场，她是以什么样的眼光看着你的哟！维特，昨天夜里我忍了一晚上，今天早上我为了我们交往的事挨了一顿教训，我不得不听着她贬低你、污辱你，我只能也只允许我为你进行一点点辩白。"她的每一句话，都像利剑一样刺在维特心上。

维特再也不能忍受了！他没有和任何人商量，毅然辞去了公职，同一位与他交情比较好的侯爵一起到他的庄园上去了。

途经故乡，他重温往日那些充满幸福梦想的日子。那时的他渴望到外面陌生的世界去，希望渴慕的胸怀得到充实和满足。可现在，他带着破灭了的希望从"世界"回来了。这令人失望的现实啊！

侯爵为人真诚、纯朴，很好相处，他对维特很好，但他周围的人却很奇怪，不能理解他。侯爵所谈之事往往是道听途说的或是书上看到的，没有他自己的见解。虽然他也很器重维特的智慧和才能，却不了解维特的心，这使得维特无法在他的领地上长住下去。

维特的心牵引着他回到瓦尔海姆。这时绿蒂和阿伯尔已经结婚了，维特只能在睡梦中、在幻想中去追寻人生的快乐。

天已入秋，树上的叶子都枯黄了，飘零了。维特的心中也是一片秋色。

他去看望菩提树下的那家人，想见见他画过的那两个孩子，但孩子的母亲告诉他，她的小儿子已经死了。

他又去打听和他交谈过的那个年轻的农夫，听说他已经被解雇了。这一天，维特在通往另一个村子的路上遇见了他，他便向维特讲了他的故事：他对女东家的恋情与日俱增，整天魂不守舍，直到吃不下饭，睡不着觉。终于有一天，他走进她的卧室，向她表白了爱情。他希望同她结婚，终身侍奉她。但女主人的弟弟来了，他早就怀恨这个农夫，因为他担心姐姐和他再婚后会把遗产夺了去。因此她弟弟就把他赶出家门，并且把事情闹得沸沸扬扬，使得女东家即使想要再雇他也不可能了。现在她又另雇了一个长工，据说她为了这个长工又同弟弟吵翻了，她弟弟坚决不让她再嫁人。维特很同情他的不幸遭遇，可他自己的命运不也同样不幸吗？

维特最初同绿蒂跳舞时所穿的青色燕尾服，已经旧得不成样子了，他好不容易才下决心换了它，又做了一套一模一样的穿在身上，还配了黄坎肩儿和黄裤子，但他还是觉得没有旧的穿着称心。一天，维特走进绿蒂的房间，绿蒂迎了上来，维特欣喜若狂地吻了她的手。他想去拥抱绿蒂，想了有千百回，可见到她却又不敢伸手。他躺在床上时，总是要想，有时绝望起来，真想在床上长眠下去，从此不再醒来。

他开始无节制地喝起酒来，一喝就是一瓶。每当这时，绿蒂总是忧郁地说："你不要这样喝！你也应该想想绿蒂呀！""想到你？"他答道，"这何消说，我是在想你呀！不，我不是在想，你本来就在我的心里。"绿蒂怕他再说下去，就扯起了别的，引开话题，免得就此事一个劲儿谈下去。

有一天，维特要走时，绿蒂握着他的手说了声："再见，亲爱的维特！"维特激动万分，她还是第一次说"亲爱的"。维特把这话念叨了上百回，晚上要睡觉的时候，他自言自语了一阵，忽然说道："晚安，亲爱的维特！"说完连他自己都禁不住笑了。

第四部分 主要作品介绍

冬天来了，花草都枯死了，一片荒凉。一天中午，维特不想吃饭，独自走到河边去溜达。远远的有一个身穿绿色旧外套的人在岩石间爬来爬去，好像在寻找什么野花野草。维持朝他走去问道："你在找什么？"

那人回过头来，带着悲哀的神情叹口气说："我在找花，可是一朵也找不到。"

"你要花干什么呢？"维特感到有点奇怪。

他脸上现出一种莫名其妙的怪笑，把指头放在嘴唇上，说："你不要泄露给别人，我答应要给我的心上人一束鲜花的。"

"你自然是幸福的过来人了？"维特问道。

"那时我的日子真不错，过得轻松愉快，简直如鱼得水。"

"亨利！"随着呼唤声，一个老妇人从路上走来，"亨利！我们到处找你，该回家吃饭了。"维特走过去跟她搭话，知道了这人是她的儿子，得疯病已经一年多了。"他自己说，有段时间他生活得很幸福，很自在，那究竟是什么时候呢？"维特问。她带着哀怜的微笑说道："他是在说他疯了的那个时候哩，那时他被关在疯人院里，神志完全不清。"

这句话好像一声惊雷打在维特的心上，他往老太太手里塞了一枚钱币，恍恍惚惚地往城里走去，心里叫道："天上的上帝啊，人只有在获得理智以前或者丧失理智以后才能幸福，难道这就是你安排给人的命运？"

下雪了，雪花落满了原野。绿蒂的父亲病了，她去看望父亲。第二天清早，维特也去看望她的父亲，心想，要是阿伯尔不去接她，他就陪她回家。他进了法官家，发现一家人的情绪都很激动。最大的男孩告诉他，在瓦尔海姆刚发生了一桩谋杀案件，一个农夫被人杀死了。据说死者是一个寡妇的雇工，还说凶杀是寡妇从前雇用过的另一个人，对她家有些仇恨。维特听了这些情况，心里猛地一震，他急匆匆地往瓦尔海姆跑去。

路过菩提树时，他看到那里有一片鲜血。他走近酒店，全村的人都聚

一本书读懂歌德

在那儿，尸首放在小酒店前面。一群全副武装的人押着犯人走过来了，犯人就是那个寡妇爱得刻骨铭心的长工。维特跑到犯人跟前，叫道："不幸的朋友！你怎么做出这样的事情来！"犯人默默地看了看他，泰然自若地说："谁都别想得到她，她也别想嫁人。"

犯人被押进酒店，维特便匆匆地离开了这儿。一路上他只有一个念头："我一定要救他！"

他回到法官家里，阿伯尔已在那儿了。他很扫兴，不过他立刻重新振作起精神，激昂慷慨地向法官——绿蒂的父亲陈述了自己的看法。他激烈地为犯人辩护，但法官更猛烈地反对他，说他庇护杀人犯，有损法律和国家的治安。阿伯尔也站在法官一边反对维特。维特只得懊丧地告辞了。

回到家，他在一张纸条上写下了这样一句话："不幸的朋友呀，你是罪不可赦，我晓得，我们终是罪不可赦。"

夜幕将要降临时，绿蒂与阿伯尔步行回家。阿伯尔对她说："我们应该疏远维特点儿。我求你，让他少到我们家来，大家在注目了，我听到四处都在讲闲话哩。"绿蒂没有吭声。

维特为救那个不幸的人所做的无望的努力，使正在熄灭的火苗最后一次熊熊燃烧。他在公务生活中所碰到的种种不愉快的遭遇，在公使馆里的恼恨，他遭到的种种失败，受到的种种屈辱，这时一齐在他心头上下翻腾。偏在这个时候，绿蒂决定遵从丈夫的心意，离开维特。维特陷入了更深的悲痛，辞世的决心在他的心中越来越坚定起来。

12月20日，正是圣诞节前的礼拜日，维特到绿蒂家去了。绿蒂一个人在家整理给她弟妹们的圣诞礼物。维特说："孩子们要得到这些礼物该高兴得欢天喜地了。"绿蒂嫣然一笑，掩饰自己的窘态："只要您听话，您也会得到一份礼物的，比如一支长蜡烛什么的。"维特嚷道："您要我怎么样？我可以怎么样？最最好的绿蒂！"她说："星期四晚上是圣诞夜，

第四部分 主要作品介绍

那时孩子们都来，我父亲也来，每人都会得到自己的礼物，到时候您也来吧——但在这之前不要来。"维特一听就愣住了。她接着说："事到如今，为了我的安宁，我求您，不能，不能再这样下去了。"

维特把自己的目光从她身上移开，在房子里走来走去，嘟咬着："不能再这样下去了！"突然他叫道："不，绿蒂，我不会再见你了！"

"这是为什么？"绿蒂说道，"你会再见我呀，只是我们少见些吧！她去握住他的手："请您要克制自己！您的智慧，您的学识，您的才能都会使您获得种种快乐的！做个堂堂的男子，放弃对一个女子的苦苦依恋吧，她除了同情您，不能越出雷池一步。"他从她手里抽出了自己的手，同时用呆板而不满的目光瞪着她："也许是阿伯尔教的吧？外交辞令！十足的外交辞令！""谁都会这么说的。"她回答说，"难道世界上就没有一位姑娘能使您称心如意吗？您一定会找到的。这一阵子您沉迷在这狭小的天地里自寻烦恼，早就让我为您、为我们担心了。我相信您一定会找到的！您一定会找到另一个令你钟情的对象的！那时您回来，让我们共享真正的友谊的温馨。"维特冷笑了一声，说："这些话可以印成小册子，发给一切家庭教师哩。亲爱的绿蒂，请您让我稍安静一会儿，一切都会好的！""只有一件事，维特，圣诞夜之前您不要来！"绿蒂说。

这时阿伯尔进屋来了，他和维特冷冰冰地互道了"晚上好"，便挨肩在房里踱来踱去，彼此心里都很尴尬。维特想走，又不能走，磨磨蹭蹭一直待到8点，他的气恼和不满也在不断增加，等到摆好晚饭，他便拿起帽子和手杖。阿伯尔请他留下来吃饭，但维特听来这不过是一句无关紧要的客套话，于是他冷冷地谢绝后就走了。

维特回到家，从仆人手中接过蜡烛，独自走进房间，放声大哭。在屋里他剧烈地走来走去，自言自语，最后和衣倒在床上。

第二天早晨，12月21日，他开始写一封以"绿蒂，我已决定去死了"

为开头的信。

将近10点时，维特让仆人把衣服刷干净，将行装收拾好。然后他给这个仆人一些钱作为预发一些人两个月的接济金。维特吩咐把饭送到房里来。他吃过饭，骑马去法官家。

法官不在家，他便在花园里踱来踱去，似乎还要对以往的种种伤心事最后做一次总的追忆。

将近下午5点时，他回到寓所，吩咐女仆在炉子里加足木柴，以便让热量一直持续到深夜。他叫仆人把书籍和内衣装进箱子，放在底下，再将外衣装入护套缝好。随后他在给绿蒂的最后这封信上大概又写了下面的一段："你一定没有料到！你以为我会听你的话，到圣诞夜才来看你。哦，绿蒂！要么今天见你，要么就永远不见！圣诞夜你手里就拿着这封信了，你一定会哆嗦，你可爱的眼泪将把信纸打湿。我甘愿这样做，我必须这样做！啊，我下了决心，感到多么痛快。"

绿蒂的心情也是极度矛盾的。她感到自己若是离开了维特，心里是会很难过的。她无意之间向阿伯尔说，维特在圣诞节之前不会再来了。阿伯尔有事要到邻村的公署中去住一夜，便骑马走了。

绿蒂一个人在家孤独地坐着，眼睛仿佛蒙上一层阴云。

下午6点半时，她听见维特上楼，她的心剧烈地跳了起来。

"您违约了！"看到维特进来，她叫道。

"我没有约过什么。"维特答道。

"那您至少也该满足我的愿望呀！"她说，"我求过您要为我们两人的安宁着想。"

绿蒂的心很慌乱，只好去弹钢琴缓解场面。因心太乱，弹的曲子也不成调，只好要求维特朗诵他翻译的古苏格兰诗人莪相的诗。

维特把诗拿到手中，全身一阵战栗。他坐下来，含着泪水，开始诵读

第四部分 主要作品介绍

那哀婉凄绝的句子。

绿蒂听着听着，也不禁潸然泪下。维特抛去诗稿，紧紧握着绿蒂的一只手，伤心地痛哭起来。他们在这先人的命运之中感受着他们自身的不幸。他们共同感受着，眼泪融而为一。绿蒂抽泣着请他再读下去。维特颤抖着拿起诗稿，断断续续地接着读道：

"春雨啊，你为何把我唤醒？你柔情缠绕地将我爱抚，并对我说：我要以天上的甘霖将你滋润！但是我凋谢的时日已近，狂风将来临，它将把我吹打得枝叶飘零！明朝有位行人，他见过我韶华时分，他的眼睛会在这原野中四处把我找寻，我可已是无踪无影……"

这诗的魄力完全压倒了维特，他失望到了极点，跪在绿蒂面前，用她的双手压着自己的眼睛。绿蒂好像突然预感到了不幸，她的神志昏乱了。她紧紧压着他的手，她心情忧郁而又深受感动，她向他俯下身来，两人灼热的脸假依在一起，世界消失了……他伸手搂着她，把她紧压在胸上，将她贴在自己胸口上，并在她颤抖的嘴唇上印以无数个狂吻。"维特！"她声音窒息地喊道，"维特！"一面用无力的手把维特的胸部推开，"维特！"她冷静的声音里流露着高尚的感情。维特没有抵抗，把搂着她的手放开，茫然失措地跪在她面前。她站了起来，浑身颤抖，说："这是最后一次！维特，你永远不要再见我了！"说完，她以充满爱意的目光朝这位不幸的人好好看了看，便奔到隔壁房间，随手关上了门。维特向她伸开双臂，但没敢拦住她。他倒在地上，一动不动地过了半个钟头。后来他站起来，走到隔壁房门前，低声唤道："绿蒂！绿蒂！你只再说一句话，说一声'永别'！"她没有作声。他等着，又央求，又等着，她终于没有再说一句话。维特失望了，走时他喊道："别了，绿蒂！永别了！"

这一夜，雨雪交加，他蹬上了悬崖，但终又浑身湿透地回到家里。

第二天，他又去续写那封给绿蒂的信。他写道："哦，绿蒂呀！我先去了！去见我的天父，去见你的天父，我要向他哀告，他要抚慰我，等你来时，我再飞到你的面前，拥抱着你，在'无限'之前，在永恒的拥抱之中我与你永在。"

将近11点时，维特问他的仆人，阿伯尔是不是已经回来了？仆人说，回来了，看见阿伯尔骑马过去的。维特随即写了一张便条交给仆人，内容是：我打算出门旅行，把您的手枪借我一用行吗？祝您快乐！

阿伯尔看过字条后当即答应了。绿蒂不敢把昨天晚上发生的事情告诉他。她取手枪时，犹豫了一刻，心里惴惴不安，她预感将有可怕的事情发生。

当维特听说枪是绿蒂亲手交给仆人的，心里喜不自胜，便把枪拿过去。他让人拿来面包和酒，叫仆人去吃饭，自己则坐下来给绿蒂写信。

维特最后一次去看了原野、森林和天空。晚上回来，给阿伯尔和威廉写了诀别信，又最后续完了给绿蒂的长信。

午夜12点的钟声刚敲过，维特手中的枪响了，子弹从左眼上部射入脑中，脑浆进出，他倒下了，身着黄色背心、青色燕尾服，脚蹬长靴。

桌上，一本《艾米莉娅·迦洛蒂》摊开着。

第二天正午，他断气了。当夜，他被安葬在他遗书中所选择的地方，没用一个僧侣来送葬。阿伯尔也没有来，他在看护绿蒂。绿蒂因为哀痛，正处在生命的危险之中。

【赏析】

《少年维特之烦恼》是一部影响强烈而又意义深远的小说。小说采用的书信体形式开创了德国小说史的先河。作品描写了维特跌宕起伏的感情波澜，在抒情和议论中真切、详尽地展示了维持思想感情的变化，将他个人恋爱的不幸放置在广泛的社会背景中，对封建的等级偏见、小市民的自

第四部分 主要作品介绍

私与守旧等观念进行了揭露和批评，对个性解放和情感自由给予了深切的呼唤。维特的烦恼以至自杀，表现了个性自由与封建社会的尖锐冲突，唤起了人们对封建的伦理道德和种种不合理现象的憎恨与批判。尤其是主人公反抗社会恶势力对青年人的压抑，体现了一种抨击陋习、摈弃恶俗的叛逆精神，因而更具有时代的进步意义。这正是这部小说成为世界文学宝库中的瑰宝、深受各国人民喜爱而经久不衰的魅力所在。

这个故事，虽然是以歌德自己的痛苦经历为基础，但不能因此就确定这是一部狭隘的个人恋爱的悲剧。歌德塑造的维特人物形象，采取了典型化的手法，真真假假，虚虚实实。他深谙艺术创作之道，生活的素材一旦演绎成小说，就包容了作者的社会理想和审美情趣，并赋予它时代精神，作品也就高于生活了。《少年维特之烦恼》不是歌德的自传，维特不等于歌德，也不等于歌德加耶路撒冷。它所表达的不是一个人孤立的感情和痛苦，而是整个一代青年的感情、憧憬和痛苦。

小说主人公维特是18世纪德国进步青年的典型形象，他代表了德国正在觉醒的青年一代。小说中的维特反对封建习俗，渴望真正的爱情，要求个性自由，并希望施展自己的才华和抱负。但他在鄙陋的环境、黑暗的现实中四处碰壁，不幸的爱情又给了他沉重的打击，只好以死来求得解脱。小说以浓郁的诗意和强烈的感情表达了维特的痛苦和憧憬。他的多愁善感和愤世嫉俗情绪，喊出了一代青年要求摆脱封建束缚、建立合乎自然的社会秩序和平等的人际关系、实现人生价值的心声。

维特出身市民阶层，是公使馆的秘书。他聪明能干，具备在社会活动中施展自己才能的天分。但是他所处的社会环境却是恶劣的，贵族们看不起他，庸俗的小市民是那么"奉公守法"，市侩们既自私又保守。这让维特厌恶、愤懑，感到异常孤独，只好把满腔热情寄托在绿蒂身上。当爱情遭遇尴尬时，他曾以巨大的力量把自己从恋爱的纠葛中解脱出来，但丑恶的现实却总是让他碰壁，在无望的苦海中挣扎，最终因绝望而自杀。

由此看来，维特走向自我毁灭的悲剧性结局，是有着深广的社会原因的。维特的悲剧缘于内、外两个方面原因。

悲剧的内在原因是维特爱情上的失败导致了内心无法排解的矛盾以及他感伤、厌世的情绪。初识绿蒂，维特的心就被她"俘获"了，他爱她爱得刻骨铭心，恋情像凶猛的山洪，一发而不可收。随后他连续遭受三次沉重的打击，产生了绝望情绪。

第一次打击：阿伯尔从外地返回，维特就从幻想中回到了现实。

第二次打击：维特和阿伯尔进行了一场关于自杀问题的争论。经过这次正面冲突，阿伯尔认为维特谈论的都是怪论，维特无论如何也说服不了阿伯尔，他情绪日益阴郁。

第三次打击：维特因与社会环境难以融合辞掉公职，再次来到绿蒂身边，得知了绿蒂和阿伯尔结婚的消息，他仅存的一丝希望已经成了泡影，处境极为尴尬。

维特多愁善感的性格，强烈的感伤主义情调，是造成他悲惨结局的另一内在原因。他一味强调心灵感受，对人生厌倦，因而寄情于山水。他对月亮、大自然和音乐有着极其敏锐的反应，四季景物随他心境的变化而变换，裁相诗歌中那无穷无际的旷野、劲风吹动的荒草、长青苔的墓碑、空中飘浮着的阵亡英雄和凋谢少女的亡灵——这一切使维特的心受到强烈的震撼。处在这样的社会环境和文学氛围中，面对强大的封建势力和残酷的社会现实，维特争取自由的思想和行动显得那么苍白无力。他厌恶人生，将人生当作活着的负担，最后以死向这个黑暗的社会进行抨击和反抗。

绿蒂尽管在感情上、精神上依恋着维特，但她不愿意也没有决心和勇气牺牲自己的婚姻。在圣诞夜前夕，绿蒂的"这是最后一次！维特，你永远不要再见我了"这句话对维特的打击是致命的，他再也无力承受了，在

第四部分 主要作品介绍

圣诞夜给绿蒂写完绝笔信，于午夜12点开枪结束了自己的生命。

维特悲剧的外部原因是封建专制制度的束缚。维特曾想通过事业上的发展来摆脱爱情的无望所造成的心灵创伤。他到公使馆供职，看到周围的人处处因循守旧、虚文俗礼。公使对标新立异的维特很是反感，维特遭到了难以形容的冷遇和鄙视。在等级森严、追名逐利的官场和贵族社会里，人们空虚无聊、虚伪奸佞、尔虞我诈。维特又回到了绿蒂身边，更深地卷入情感的纠葛中而不能自拔。爱情的幻灭，事业的失败，使他看透了人生、看透了社会，他陷入了悲观绝望的深渊。

维特对于社会的反抗，自始至终没有超越个人的范畴，因此他是孤立的、软弱的，最后只得以自杀告终。这是德国社会容纳不下维特这个天才，这是鄙陋的封建制度把维特推向了毁灭的深渊。

维特的不幸经历，是围绕个人的自由愿望与一个古老世界种种限制的冲突展开的。歌德利用书信体这一极为自由的形式，在议论和抒情中细致地揭示了维特全部思想感情的矛盾和发展，赋予了他的不幸恋爱以巨大的社会内容和悲剧意义。小说对封建等级的偏见、德国市民阶级的守旧性和自私性等做了揭发与批判，体现着"狂飙突进运动"的一切思想和精神，是那个时代的产物。所以恩格斯赞誉：歌德写了《少年维特之烦恼》，是建立了一个最伟大的批判功绩。海涅在《慕尼黑到热那亚旅行记》中写道：歌德给自然照了镜子，或者说得更确切些，他本身就是自然的镜子。

维特这个形象的丰富性和深刻性，就在于他蕴含了18世纪下半叶德国社会的阶级内容和时代思潮，维特身上带着德国资产阶级软弱无力的深深的印记，使他成了反叛的受难者。

正因为维特是一个在重重封建压迫下觉醒了的青年，他代表着一种新的涌动的力量，传达出市民知识分子的思想感情，所以，小说才能产生如此强烈的社会反响，迅速地掀起了维特热。

一本书读懂歌德

小说在德国出版后，连印了16版，广为流传。它被翻译成英、法、意等20多种语言。拿破仑在远征埃及时随身带着它，先后读了7遍。维特和绿蒂的形象也远渡重洋，闯进了古老的中国，被"画上了花瓶"。1922年，中国著名文学家郭沫若将《少年维特之烦恼》翻译成中文。在五四运动前后，这一作品得到知识青年的热情欢迎，它能够促使人们加强对于现实生活中的封建残余的认识与批判。

歌德在1775年出第2版时加上《绿蒂和维特》序诗，郭沫若所译卷首诗的前四句置于上篇卷首，后四句放在下篇之前。这首诗如下：

青年男子谁个不善钟情？

妙龄女郎谁个不善怀春？

这是人性中的至洁至纯，

为什么从此中有惨痛飞进？

可爱的读者哟，你哭他，你爱他，

请在诽毁之前救起他的声名；

请看，他出穴的精灵在向你耳语：

做个堂堂的男子，不要步我后尘。

作者运用第一人称的书信体形式，面对面地向读者倾诉自己的遭遇、感受和情怀，富于逼真的现实感和强烈的感情力量，充溢着作者对美好生活的向往和对腐朽社会的控诉。人物刻画得细致入微，爱恨分明。小说中对自然景物的描写也十分出色，寄情于景，情景交融，是现实主义和浪漫主义相结合的著作。

《少年维特之烦恼》体现了"狂飙突进"时期的一种反叛精神，表达了年轻一代渴望摆脱一切旧的思想和习惯势力的桎梏。小说中的维特成为世界文学史上一个不朽的艺术形象。

《浮士德》

诗剧《浮士德》是歌德最重要的代表作，是歌德以毕生的精力完成的一部鸿篇巨制。这部诗剧的创作贯穿了歌德的全部写作生涯，初稿始于1773年，第一部发表于1808年，第二部问世于1832年，其创作时间长达60年之久，是歌德全部生活和艺术实践的总结，是"一部灵魂发展史，一部时代精神发展史"。它与荷马史诗、但丁的《神曲》、莎士比亚的《哈姆雷特》并列为欧洲文学四大名著。

【时代背景】

《浮士德》是歌德一生思想探索的概括和总结性的宏伟记录。从文艺复兴、宗教改革，到"狂飙突进运动"，觉醒的资产阶级提倡人文主义精神，要求个性解放，追求现实生活中的幸福。他们反对愚昧迷信的神学思想，冲破禁欲主义和宗教束缚，正确地理解客观物质世界。

从18世纪后半期到19世纪30年代，历史事件纷至沓来，欧洲从封建社会进入资本主义发展的动荡、变革时代。启蒙运动在许多国家开展；北美脱离英国的殖民统治而获独立；法国爆发了资产阶级大革命；拿破仑雄霸欧洲10余年，最终惨败；欧洲成立了维护封建势力的"神圣同盟"。在这个世纪之交的转折时代，人们更多地了解自己的精神世界，具有了鲜明的反封建、反宗教神学、批判黑暗现实的精神，有着深刻、抽象的哲理思考和纯真自然的审美观念。歌德密切地注视着所发生的这些重大历史事件和新兴资产阶级先进知识分子思想的进程，思考着社会的发展和人类的未来，《浮士德》正是歌德的这种思想探索的艺术总结。

《浮士德》以16世纪德国民间故事《约翰·浮士德博士的故事》一书为素材，以文艺复兴以来的德国和欧洲社会为背景，写出了一个新兴资产阶级先进知识分子竭力探索人生意义和社会理想的人生历程。

浮士德这个名字在欧洲可以说是家喻户晓，在德国历史上确有其人。据说他生于1480年，死于1540年，精通星象、算命术和点金术，是个地方学者。他死后，在德国民间产生了许多有关他的传说。传说中的浮士德是宗教改革时期德国一个跑江湖的魔法师，他为了换取知识同魔鬼定了契约，约期满后，魔鬼把他的灵魂带走。许多文学、音乐、歌剧或电影都是以这个故事为版本加以改编的。

歌德幼年时就看过这类木偶戏，对浮士德的故事极为熟悉，一直有以它为素材进行创作的想法。为了呈现人的精神世界的发展，他从根本上改造了这些传说，对这个素材进行了全面深入的挖掘和发挥，对故事进行了许多突破性的创造，使其带有启蒙时期的时代特征，反映了以先进知识分子为代表的人民反对禁欲主义和宗教束缚，渴望了解身外客观世界，认识和追求人生意义和人生价值，赋予其全新的意义。

在歌德的笔下，浮士德是一个象征性的艺术形象，是资产阶级上升时期一个先进知识分子的典型形象，是人类命运的一个代表。通过浮士德的自强不息、追求真理，经历的书斋生活、爱情生活、政治生活、追求古典美和建功立业五个阶段，高度浓缩了文艺复兴以来德国乃至欧洲资产阶级探索和奋斗的精神历程。

《浮士德》是用多种诗体的韵文写成的一部悲剧，分两部，长达12111行诗文。全剧没有首尾连贯的情节，而是以浮士德思想的发展变化为线索，由一系列叙事诗、抒情诗、戏剧、歌剧以及舞剧组成，涉及神学、神话学、哲学、科学、美学、文学、音乐等方面内容。歌德运用自己的智慧，极大地丰富了这个已有传说的哲学内涵。

第一部25场，未分幕，描写了浮士德的书斋生活、爱情生活，展示了他在"小世界"里遇到的求知困惑和爱情烦恼，是主观的世界。第二部分5幕，25场，描写了浮士德的政治生活、艺术生活和改造自然的宏伟事业，展示了浮士德在"大世界"中改造客观世界和追求社会理想的过程，这是一个更高远、更广阔、更明朗、更有激情的世界。

【剧情梗概】

在广阔的天庭，天帝召见群臣。三位大仙以宇宙浩瀚且变幻无穷的景象，颂扬天帝造化万物之功。恶魔靡非斯特口中无一句称颂之词，他认为，人世间非常悲惨，而且永恒不变；人只能终身受苦，像虫豸一样，任何探求都不可能有所成就。

天帝询问浮士德的情况，靡非斯特说他正处在矛盾和绝望之中。他野心勃勃，老是驰骛远方，他要索取天上最美丽的星辰，又要求索人间极端的放浪，总是不能满足。天帝坚信人在努力追求时总是难免迷误，但在"理智"的引导下，一定会意识到正途。

靡非斯特却提出和天帝打赌，自信能将浮士德引上魔路，陷于堕落，他根本不相信人类的"理智"。天帝应许将浮士德交与他，说，你尽可以使他的精神脱离本源，可是你终究会忏悔地服罪认输，一个善人即使在黑暗的冲动中，也终究会成功，进入"清澄"。本来，天帝造出魔鬼就是来刺激和推动人们发奋努力的，因为人们的精神总是易于松弛，人们的行为总是贪图安逸。

靡非斯特兴冲冲地下凡去找浮士德，心里想着不能和他的关系闹翻。

第一部

陈旧的中世纪书斋，狭隘、沉闷。浮士德老博士不安地坐在书案旁的靠椅上。自叹大半辈子以来，埋头故纸残篇，中宵不寐，已把哲学、医学和法律，还有神学，都彻底地发奋攻读，到头来却是一事无成，是个可怜的愚人，不见得比从前聪明进步。既不能救世济民，也无财产和金钱，更无尘世盛名和权威。书斋如监牢，学智如桎梏，禁得他寸心焦渴，欲望难平。他渴慕投身宇宙，认识星辰的运行，接受自然的启示，沐浴自然之光，承担起世上的一切苦乐。他想钻研魔术，想通过神力和神口，将一些神秘揭穿。对于统一宇宙的核心有所分辨，去观察一切活力和种源。

这时，弟子瓦格纳不宣而来。瓦格纳深信埋没个人的心灵情感，经由烦琐的经院哲学和语言学，就能沉浸在各个时代的精神之中，就能理解透历代的精神和宇宙的奥妙。浮士德讥刺他愚顽和想法的荒诞不经，指出那些经过教会和统治者审查的书本，反映出的不是"历代的精神"，而只是学者们本身的精神。但瓦格纳执迷不悟，埋头向羊皮古书中挖掘。

瓦格纳走后，浮士德更加感到自己处在尘俗的昏乱之中，无法超脱，无法到达真理的境界，寻得永恒的快乐。眼前是布满尘垢的书堆，空洞的髑髅，破旧的家具和暗淡的油灯，一切都毫无生气，一切都令人窒息。他想到了死，只有死才能够解脱自己。在人间无望，就到阴间去闯荡，那也是崇高的生存。他激动地倒出一杯毒酒，将它举到唇边，准备最后一次开怀畅饮。

突然，钟声和着圣歌自外传来："基督已经再生！"复活节在晨曦中光临了！它唤醒了浮士德的生命，他的希望在人间苏醒。

浮士德和瓦格纳脱离暗淡烦琐的小天地，来到了春意盎然的大自然和郊游的人群中。浮士德心中充满生机，而瓦格纳却讨厌人群中各种声音。

第四部分 主要作品介绍

农民们在菩提树下尽情歌舞，他们向浮士德敬酒，感谢他在瘟疫中搭救众生，制止住了瘟疫流行。群众的敬仰，让瓦格纳羡慕不已。但对浮士德来说，种种褒奖都好像是讥讽。他反省自己炼金丹是在骗人，他感到世间是一片错误的大海，人们无法达到真理的彼岸。

落日西沉，浮士德发现一只黑色的卷毛犬在田间逡巡。那狗向他们跑来，浮士德将它带回书房。这狗正是天上降下来的恶魔靡非斯特变成的。夜已降临，浮士德毫无睡意。他打开《圣经》来翻译，第一句译成"泰初有道"（观念），认为不妥，接着改译为"泰初有心"（绝对精神），但即刻又觉得不妥。反复斟酌，最后，译成"泰初有为"（行动）。他感到无比称心！

黑犬现出了恶魔的原形，变形为一个书生，告诉浮士德，他是"否定的精神"，"恶"就是他的本质，他要用洪水、暴风、地震、烈火各种灾殃与自然的权威抗衡，到头来海与陆依然无差。他要毁灭一切，包括人类，但是生命的胎芽不停地在四处生长。浮士德怒斥他想对抗这永恒的自然是枉然。靡非斯特意欲告辞，但是门上的避魔符咒阻碍了他的通行。他哀求浮士德揭去符咒，浮士德叫靡非斯特陪他消遣。靡非斯特以变戏法为名唤来精灵，让它们围绕着浮士德婉转歌唱。浮士德睡着了。靡非斯特又叫来老鼠、苍蝇、青蛙、臭虫、跳蚤，命令它们咬掉了符咒的一个角。他得意地走出了房门。浮士德一觉醒来，以为做了一个梦，却发现卷毛犬不见了。

第二天，高贵绅士打扮的靡非斯特来到浮士德的书房。浮士德向他诉说狭隘的尘世生活的苦闷：一天天的时光不能实现任何愿望，有千百种丑恶的人生现实，阻碍了创造的兴致；黑夜降临，还不得安宁，常常被噩梦侵扰。他宁愿死也不愿意过这种安贫守分、无所作为的生活。但死也要死得痛快。靡非斯特故意提起他手举毒酒却又不敢倾饮的往事，激起他一腔愤怒，他把现世的一切都诅咒个遍，诅咒葡萄美酒、崇高爱恋、诅咒希望、信念，尤其诅咒万事以忍耐为先。靡非斯特乘机劝他去寻取欢乐和事业，从这孤僻的生活走进广大的世界，并说愿意与他一起，共同去经历人生。

靡非斯特提出愿意与浮士德签订契约：今生做他的仆人，做他的伙伴，为他解除愁闷、寻欢取乐，使他得到满足。同时契约还要约定：在浮士德表示满足的一瞬间，奴役关系便解除，浮士德反为恶魔靡非斯特所有，来生便做恶魔的仆人。浮士德根本就不相信有"来生"，他毫不犹豫地同意了这个契约。他相信自己永远不会在享乐中满足。他说："假如我对某一瞬间说，'你真美呀，请停留一下！'那你尽可以将我枷锁，我甘愿把自己销毁，那时是我的丧钟响了。"他们击掌立下字据做证。

这时，一个学生前来拜见浮士德。靡非斯特穿上浮士德的长袍，伪装成博士来接见。这青年怀着满腔的热诚，恳请先生收为弟子，希望自己成为一个下知地理，上晓天文，既探讨自然，也研究学问的饱学书生。靡非斯特教他先学逻辑，其次再研究玄学。学生说他很想钻研神学。靡非斯特告诫他："这门科学很难避开邪路，其中隐藏着许多毒素，容易和药物鱼目混珠。"学生又问到医学。靡非斯特告诉他："医学的精神最容易把定，不管你研究得多深，到头来还得听天由命。"他教导学生，一切理论都毫无光彩，只有人生才是常青的金树。这学生不能理解这一番"教导"的真谛，只好带着懵里懵懂的脑袋离去。

学生走后，靡非斯特把黑色外套变成一朵浮云，载着浮士德和自己去云游世界。

他们首先来到莱比锡城的奥尔巴赫地下酒店。靡非斯特要让浮士德看看这充满"快乐"的世俗生活。

酒店里，一群大学生正聚在一起饮酒作乐，玩些无聊的把戏，唱些无聊的歌曲。靡非斯特加入了他们的阵营。靡非斯特耍个花招，在桌子边上钻出洞来，每个洞里都流出了每人想喝的美酒，众人狂笑狂饮。浮士德可

第四部分 主要作品介绍

不感兴趣，急着要离去。这时，一不留神，酒洒到地上，立刻化为火。众人受骗，各持小刀杀向靡非斯特。靡非斯特又要了个魔术，让他们在幻景中各抓住他人的鼻子互割。靡非斯特与浮士德借机离开。

浮士德急切地想返老还童。靡非斯特领他来到魔女之厨。在一矮灶上放着一口大锅，下面生着火，锅内升起的热气中呈现出各种幻影。一只长尾母猿坐在锅旁搅拌以防溢出，公猿借小猿等坐灶旁取暖。

不一会儿，魔女自烟囱降下回来了。靡非斯特降服了她。她遵命念起法咒，作起法来，拿出一杯最好的灵药，送至浮士德唇边。药中发出一道轻微的火焰。浮士德将药饮下顿时青春激荡。

浮士德走在街头。美丽的少女玛甘泪由教堂回家，从他身边走过。他提出要挽着手送她一程，矜骄端庄的玛甘泪拒他而去。

浮士德神魂摇荡，他要靡非斯特赶快去把玛甘泪弄来。靡非斯特答应今晚将浮士德带到玛甘泪房中，让他在那香闺中把未来的希望尽情玩味。浮士德又向靡非斯特提出要准备些礼品，靡非斯特应承去采办。

玛甘泪回到家中，边梳头边自语："今天那位先生真够英俊，一定是出自高贵的家庭，要能认识他该多好！"她梳好发辫，走出屋门，到邻居家去了。浮士德由靡非斯特引导着，来到这小巧的房间。他环顾四周，屋子收拾得干干净净，一件件清洁整齐的家具充满着一种圣洁的气息。这气息逐渐接触到浮士德的感官，浸进了他的心胸，使他赞叹。相形之下，浮士德对自己的邪念和举动感到了羞愧和内疚。他退出了屋子，希望永远不要再进来。

浮士德喝魔汤

一本书读懂歌德

摩非斯特临走前，把一个小匣放在衣柜里。浮士德犹豫着，但还是听从了摩非斯特的安排。

玛甘泪回到了房中。她感到了屋子里沉闷的空气，觉得心神不定，有一种不祥的感觉。为了驱除这莫名其妙的异感和恐惧，她边脱衣服边哼起了歌。

玛甘泪打开衣柜，瞥见了一个宝物匣子，打开一看，不由得惊叫出声：多么精美的首饰啊！她从不曾见过。她佩戴起来，走至镜前，镜中的容颜立即改观。看自己如此漂亮，她不禁哀叹，只因自己无钱，青春饱受冷落。

从玛甘泪房中回来，浮士德深有感触，他来回踱步，默然深思。摩非斯特向他走来，怒气冲冲地告诉他，他们送给玛甘泪的首饰，都被玛甘泪的母亲送给了牧师。那牧师一见宝物，便满心欢喜地说，信女们功德无量，能消化不义之财的只有教堂。母亲笃信宗教，认为不义之财会迷人的灵魂、耗人的血液。玛甘泪昼夜思念着那首饰，更思念赠送首饰给她的人。

浮士德急命摩非斯特再去寻一副新的首饰，放到玛甘泪的衣柜里。

玛甘泪发现自己的衣柜中又了一个更好的首饰匣子，里面的宝物也更多。她欣喜之余，因担心母亲再将此首饰送走，就想把匣子放到邻居家。

邻居的主人叫玛尔特，丈夫外出一去不返，只苦了玛尔特在家独受凄凉。没有丈夫的死亡证，她又不能再嫁，自己很是悲伤。

这时，玛甘泪来到玛尔特家，告诉她自己衣柜中的秘密。玛尔特为她妆饰，称赞她的福气不小。玛甘泪多么想在大庭广众之下将它们炫耀，可又没有胆量佩戴它上街。玛尔特叫她每天来，在这穿衣镜前快乐欣赏，以后可以逐渐地向外人显露。玛甘泪感到事情有些奇怪，不知两个匣子究竟是谁送来的。

这时，摩非斯特伪装成"传讯人"告诉玛尔特，她丈夫已客死他乡。玛尔特心中高兴，眼中落泪。她询问起丈夫的死状，希望有一张丈夫的死亡证明书，想知道丈夫留下的财产。靡非斯特说只要有两个人的口证，就可以证明事情是真，并说："我还有位漂亮的伙伴，你可以请他为您去上法庭。今晚我带他来见见夫人，希望这位姑娘也能光临。"玛尔特和靡非斯特约定当天晚上，在舍下后花园中等候二位光临。靡非斯特兴高采烈，回来向浮士德禀报：他与淫荡妇人已勾上，浮士德与玛甘泪的幽会也安排妥当。只要写一张证明，证明她亡夫的遗骸埋葬在帕多瓦墓地，便一切就绪。浮士德欢喜异常，叫赶快起程前往帕多瓦。靡非斯特说："何必多此一举，随便写个证据，不必知道实情。"浮士德骂靡非斯特是个骗子。靡非斯特也揭露浮士德过去对上帝、世界及其间的纷扰，也都是说谎造假，并说："你今晚又要去对玛甘泪'海誓山盟'，去欺骗那可怜的姑娘。"浮士德不承认后一个罪名，他分辩说他的爱情是一团炽热的火焰，是出自内心的，是永恒的。

晚上，浮士德和靡非斯特来到玛尔特家中。在花园里，浮士德手挽着玛甘泪、靡非斯特陪着玛尔特在园中来回散步。玛甘泪心中顾虑重重：自己出身卑下，手脚粗糙，谈吐浅陋，怎会让您这么经验丰富的人感兴趣，我如何配得上大家公子？她猜想浮士德一定有许多的朋友，个个出身高贵、聪明过人。浮士德尽力宽慰她，告诉她世人所说的聪明，只不过是浅见和虚荣。只有那单纯无垢，谦恭卑己，自己不知其神圣的人，才具有最高尚的精神。玛甘泪的心放宽了，她向浮士德谈起她的家庭生活：狭小的生活天地，琐碎的家务事，劳累中有无限

靡非斯特陪着玛尔特在园中散步

的幸福和乐趣。她回忆起死去的小妹妹，她曾经为妹妹日夜操劳。他们又谈到第一次见面时的情景。玛甘泪告诉浮士德，自己春心已动，却又怕自己的举动显现出没有家教的样子，可是又深自懊悔失去爱的机会。

他们俩在说爱时，玛尔特与靡非斯特也在谈情。

玛甘泪跑入亭中，躲在门后，用指尖按在唇上，从门缝中窥视。浮士德追来，捉住她。她倒入他的怀抱，向他表白了爱情。

天色已晚，两对男女不得已双双分开。

玛甘泪的心中充满了激动和喜悦。

然而浮士德并不愿意陷身于琐碎庸俗的小家庭和小情感中，他对心灵的激动和骚扰感到了烦腻。他去到幽林深处，在那里，他感受到大自然的魅力，领略到崇高的心境的平和；他感觉自己与大自然融合了，与诸神相近了，心中洋溢着神圣的情感。他讨厌和憎恨与他一起的恶魔，他胸中燃起一团烈火，对那美丽的肖像不断迷恋，他自卑、懊悔。

可是，正当他沉醉自省的时候，靡非斯特又翩翩来临。他嘲笑浮士德未脱书斋博士的臭味，讥讽他追求的是一种超世俗的满意，只是在想象中求安慰，自欺欺人而已，气得浮士德大叫"岂有此理"。但恶魔岂是等闲之辈，他慢悠悠说出一段话，马上又将浮士德的心带进了尘世的欲念。他向浮士德叙述玛甘泪在家渴望心爱的人，度日如年，终日站在窗边，昼夜思念。浮士德深知不应该对玛甘泪的肉体再起贪心，他希望只将爱情保留在圣洁的精神状态上。然而他抵御不住魔鬼的诱惑，他的心中又进出了火花。他急急地赶去和玛甘泪相会。

正如靡非斯特所说，玛甘泪用少女全部的真诚、热烈的感情爱上了浮士德，爱得疯狂。她日日夜夜盼望着他的到来，甚至想不顾一切地去找寻他，甘愿死在他的怀抱中。

他们终于又见面了，在玛尔特的花园中。玛甘泪希望浮士德也信仰宗

第四部分 主要作品介绍

教，浮士德却回她一通泛神论的道理。他说自然中到处有神，一切事物都有它自身的规律性，没有在自然之外的神。他说："感情便是一切；名号只是些虚声，好比笼罩日光的烟云。"玛甘泪并没有真正理解这段话的含义，反把它与牧师说的话混淆了。玛甘泪深情地爱着浮士德，又打心眼里憎恶他的伙伴靡非斯特。凭着纯洁美好的心灵，她意识到靡非斯特是魔鬼的化身，他会将他们俩引向堕落。可她不知浮士德与魔鬼有着契约。

为了能在家中与浮士德共度良宵，享受爱情的欢乐，玛甘泪接受了浮士德的建议，用安眠药使母亲沉睡。

第二天早上，玛甘泪去打水，在井边碰到了女伴黎誓心。黎誓心告诉了她少女白婢儿的事情：白婢儿结识了一个有钱的男子，跟着他尽情享乐，把少女的贞洁献给了他。那个男人玩弄够了，就抛下她跑掉了。白婢儿现在只能穿着罪人的衣裳去礼拜堂忏悔。将来即使出嫁了，丑名声也是永远伴随着她。黎誓心幸灾乐祸地说着，而玛甘泪的心中却充满了同情。现在自己也已失身，但她并未在白婢儿的遭遇中照出自己的影子，也并未清醒过来。在回家的路上，她仍然为良宵的欢娱而欣喜。

谁知前一天晚上安眠药用得过多，母亲竟一睡不醒，离开了人间。

玛甘泪无意中杀死了自己的母亲，她悲痛万分。这痛苦日夜煎熬着玛甘泪的心！她日日悲哭，夜夜失眠，又不能够向任何人诉说。一天清晨，她采来一束鲜花，来到城墙壁龛里的一尊圣母像前，将花插在圣母像前的一对花瓶里，以悲痛和忏悔的心情向圣母哭诉了她的苦难和罪过，祈求圣母伸出慈悲的手，把她从死亡和耻辱之中拯救出来。

玛甘泪害死母亲的丑闻已经传遍市镇，昔日的"花中之王"，如今处处被人鄙视。

玛甘泪的哥哥瓦伦廷是个军人，听说这个消息，连夜往家赶，一路走来一路想，越想越气愤，越想越恼火。

一本书读懂歌德

浮士德在靡非斯特的陪伴下，再次前来与玛甘泪幽会。在玛甘泪家门前，他们遇上了瓦伦廷。瓦伦廷一肚子火气，挺身向他们挑战。浮士德在靡非斯特的唆使和帮助下，拔剑刺倒了瓦伦廷。

瓦伦廷倒下了，人们围上来。瓦伦廷临死前，他向玛甘泪预示了她将遭受到的悲惨的命运："你已经失去了贞洁，而且只能在这条娼妓路上继续走下去。你生下的私生子即使不被人杀死，也将被人看不起。一切正派市民，都回避你，如同回避传染的死尸。倘若他们正眼看你，你心中便会不寒而栗。你不配戴黄金的项链，不配站在教堂的圣坛旁边，你只能在阴暗的栖流所里辗转，躲在乞丐和废人中间。纵然上帝饶恕你的罪孽，你也会永远受世上的非难。"

哥哥的话像针一样刺进了妹妹的胸膛。她忍不住惊叫起来："哥哥！我多么苦命呀！"

玛甘泪和众人一起来到教堂礼拜。她想着母亲的惨死和即将出世的私生子。种种思绪像恶魔一样缠绕着她、胁迫着她，她挣不脱这精神的枷锁。教堂里的唱诗班在高声唱着："当世界的末日到来的时候，上帝将审判众生，所有隐瞒着的事情都会被揭露出来，没有任何罪恶能逃脱上天的惩罚。"这可怕的末日审判，更使玛甘泪的灵魂战栗、惶悚。无形的恐怖压迫着她的心，她终于昏倒在地。

正当玛甘泪被痛苦包围的时候，浮士德却无忧无虑地与靡非斯特一道，去赴瓦尔普吉斯之梦夜会去了。

夜会上，一些人围着两团残灰冷火在发泄对社会的不满，感叹自己命运的不济。靡非斯特变形为一个老人，插进来发表言论，说世道衰落都因为"酒"的缘故。

浮士德在夜会中舞场上目不暇接，神迷意夺，依稀可见那边遥遥地站着一个苍白而美丽的年轻女人，她行步艰辛，双脚似乎被铁镣锁定，很像

第四部分 主要作品介绍

善良的玛甘泪。靡非斯特说，那是个幻影，没有生命之物。

夜会上又拉开了新的一幕——奥伯龙与蒂妲妮娅的金婚仪式。奥伯龙是空中小魔鬼之王，蒂妲妮娅是他的妻子。

金婚庆典，盛大异常。苍蝇、蚊子、螟蜂、蜘蛛、蛤蟆，叽叽喳喳闹嚷嚷都来祝贺。社会上各种人都到会，妖魔鬼怪也光临。大家都极力表现自己，排挤他人，一片乌七八糟，南腔北调，丑类聚集的景象。

朝霞微现，天将放光，这群魔鬼乱舞的夜会才告收场。

靡非斯特这才告诉浮士德，玛甘泪已身陷囹圄。这消息唤醒了浮士德所有的怜悯之心。浮士德想到玛甘泪遭到的灾难，狂怒地诅咒靡非斯特背信弃义，恨自己怎么会与这种人交往。然而，任凭浮士德暴跳如雷，靡非斯特却是露齿嬉笑，神色泰然。他用一句又冷又硬的话来回答他的愤懑："是谁使她堕落的？我吗？还是你？"气得浮士德怒目而视，无言以对。

但是浮士德仍然坚决要求去救玛甘泪，即使冒着生命危险也要去。靡非斯特无奈，只得答应，引他前往。

他们飞马扬鞭连夜赶到监狱。靡非斯特把门禁迷昏，浮士德盗得钥匙，开了牢门，怀着惭愧的心情走进牢房。

玛甘泪已经神经错乱了。她把浮士德当作是来提她上刑场的刽子手。她朝他跪下哀求，她疯疯癫癫地说，让自己多活些时候，因为天亮前要给婴儿喂奶。又谈起被自己溺死的儿子，她说自己看到了地狱里恶鬼狰狞，可怕的愤恨声，震耳的喧器声，那是她将要去的地方。

瓦普吉斯之夜

一本书读懂歌德

玛甘泪在狱中

看到玛甘泪这情景，浮士德心中更是悲痛万分。他高声呼唤玛甘泪的爱称。这声音将玛甘泪从恐怖的地狱喧嚣声中唤回。半清醒半昏沉的玛甘泪欣喜若狂，她扑向浮士德，就像扑向救星。

浮士德急切地催促玛甘泪出狱，可是玛甘泪不愿意走。她深知自己药死了母亲、溺死了儿子，是有罪的，到处都是天罗地网，逃跑是没有用的，而且自己良心上还负着重创。社会对她来说，本身就是一座大监牢。她嘱托浮士德给妈妈的坟墓找最好的地段，哥哥的墓就在妈妈的身边，我的稍远一点儿，把婴儿放在我右前方，此外不许任何人在我身边。

天快亮了，死亡就要来临了。玛甘泪虔诚地跪下，向上帝伸出了双手："天父啊！救救我！我是你的！天使啊，列位神灵，请环立在我的周围，把我庇护！我皈依你！"

靡非斯特冲进来，把悲痛欲绝的浮士德拖了出去。

第二部

这是一片风光明媚的地方——阿尔普司山麓。黄昏时分，浮士德侧卧在百花烂漫的草地上，疲乏，不安，昏昏欲睡。

浮士德一觉醒来，没有了一点罪孽之感，往事都已忘却。太阳高悬在苍穹，飞溅的瀑布在重岩叠嶂上奔腾。他领悟到，人生就在于体现出色彩缤纷，一种坚毅的决心鼓舞着他，他要向新的生活高峰飞跃。

紫金城内，金銮宝殿，皇帝上朝。他问，贤臣都在我的身旁，怎不见

第四部分 主要作品介绍

弄臣?

前任弄臣因酒醉，被人抬了下去。摩非斯特迅速补了弄臣的差位。

皇帝要举行化装舞会，寻欢作乐，对大臣们要求上朝议事十分不高兴。

宰相先启奏：国内邪恶流行，偷盗抢劫成风。法官又枉法贪赃，良民被判有罪，罪犯逍遥法外。普天之下人们都在受苦受难，这样会断送陛下的锦绣江山。

兵部大臣奏道：如今是乱世纷扰，国库拿不出军饷，雇佣兵闹得不可开交，士兵本应当保卫国家，却任其抢劫和骚扰。市民躲进城壕，骑士盘踞碉堡，民众手持武器抗拒官兵，天下大乱，无法收场。

财政大臣奏道：各联邦都各自称霸，不肯交纳贡赋，不肯将朝廷依傍。朝廷权力衰竭，财源闭塞，人人都在搜刮、聚敛和储藏，而国库却已耗得精光。

宫内大臣奏道：宫廷费用天天上涨，无钱偿付，弄得今年吃掉了明年的粮，床上的羽褥押进了典铺，餐桌上吃的是赊欠来的食物。

唯有弄臣摩非斯特高颂皇威浩荡：陛下君临万方，强大的武力足以消灭抵抗。加上您的仁德、睿智与奋发图强，文治武功相得益彰，哪会有夭殒？

弄臣与钦天监在殿上一唱一和，谎称地下到处埋着黄金，还胡诌出一番天象。皇帝要普天同庆。化装舞会开始，宫廷上热闹非凡。

舞会上五花八门的人戴着五花八门的面具。传宣使看守大门，小心翼翼，生怕有妖怪来兴风作浪。

突然间，人群里冲出一部四龙车，车上坐着两个人：驾车童子和财神爷普鲁都斯。普鲁都斯从车上搬下了箱箱黄金，驾车童子驾着车子离去。

普鲁都斯打开箱子，一箱箱的黄金露出来，一串串的金币滚出来。不要命的人群把箱子围住，疯狂地抢啊，抢个不亦乐乎。普鲁都斯手执传宣使的烧红手杖，一下子把众人赶光。

正当众人狂歌乱舞、肆意作乐之时，突然，一场大火烧了起来，把皇帝包围。众人都来救火，没有一人不被烧伤，火焰反而愈来愈高。眼看帝都的豪华一夜间就要化为灰烬，普鲁都斯挥起魔杖，熄灭了烈火。

天亮了，旭日东升。皇帝对化装舞会十分满意，摩非斯特一番话捧得他更高兴。舞会上发行的大量钞票，解救了财政的危机，国家又出现了繁华景象。浮士德与摩非斯特的丰功，赢得皇帝的器重。小臣们得钱欢天喜地，只有那酒坛子弄臣聪明，他说道："今晚上在梦里做了一个大老板！"

浮士德突然把摩非斯特拉进阴暗的走廊，说有事要和他商讨：皇帝异想天开，想见古希腊美人海伦和美男子帕里斯。海伦是希腊传说中的美女，相传她是斯巴达国王梅纳劳斯的妻子，特洛伊王子帕里斯去斯巴达做客，将她拐走，引起了特洛伊战争。战争进行了10年，最后，特洛伊人战败，斯巴达人毁了特洛伊城，将海伦夺回。摩非斯特交给浮士德一把钥匙。这钥匙在浮士德手中逐渐大起来，光辉灿烂，它带着浮士德去到神的境界。浮士德趁诸神不注意，携回来一个烧红的宝鼎。

在皇帝的宫廷里，皇帝急等着海伦的到来。

霎时间灯火暗淡，出现了古式的骑士厅，一切装饰都是古时模样。

皇帝与宫廷大臣们都聚集在厅中。传宣使宣布演出开始。喇叭声起，墙壁自动裂开而向后回转，一座深邃的舞台出现，又显出一座十分庄严宏伟的古代寺院。

浮士德头戴花冠、身披法衣和一座宝鼎从前台的另一边升到地面。灼热的钥匙刚一接触到宝鼎，雾气立即笼罩全厅，像浮云一般，延伸、凝集、缭绕、交错而又分散，云雾变幻，乐声随起，仿佛整个宫殿都在歌唱。

雾气下沉，从轻纱里面走出一位美少年，他就是英俊少年帕里斯。俊俏的模样立刻引起贵妇人的赞叹。他躺在地上，手枕着头，进入了梦乡。海伦出现了，果真一个绝色美人。她俯下身去吻帕里斯，帕里斯醒来，他们开始表演恋爱的经过。

不想却引发了浮士德极大的醋意，他迷恋海伦，嫉妒帕里斯。他冲上前，将魔术的钥匙触到帕里斯身上。精灵们都爆炸了，化为烟雾消散。浮士德自己也昏倒在地，失去了知觉。摩非斯特将浮士德背回中世纪书斋。

他们又回到了老地方，一切陈设都和过去一样，只是房屋更旧了，还添了些蜘蛛网。摩非斯特把浮士德安置在床上，让他睡去。他环顾四周，见到自己伪装博士时穿过的旧皮袍。

摩非斯特穿上皮袍，得意自己俨然又是一个大学教授了。他拉响铃，铃发出尖锐的声音，在空屋里震荡。瓦格纳的弟子从昏暗的长廊蹒跚而来。摩非斯特向他询问瓦格纳的近况。瓦格纳博士已是当今学术界的第一伟人，学术界全靠他独力支撑。弟子告诉他说，老师久已不见外人，正关门闭户，守着中世纪的炼金炉，在那儿焦头烂额地制造着"人"。

弟子退出。摩非斯特在教授的位子上坐好，先前"训示"过的学生走进书斋。几年前还是羞怯的青年，如今成了自命不凡、趾高气扬的学士。他大摇大摆地走进来，飞扬跋扈地反把摩非斯特训了一顿。在他的口中，经验不过是泡沫和灰尘，怎能和精神相提并论？人们从前所知道的一点东西，根本说来就一钱不值。在他的眼中，世界是由他开始，一切都是为他所设。他说："在我创造之前，世界原未生成，是我把太阳从海里引出，月亮和我一起旋转盈亏。"大自然的存在和一切变化，整个人类的命运，似乎都要由他来决定。高谈阔论结束，学士示威似的离开了书斋。摩非斯特却不介意，他相信这骄傲的人最终也会感到无聊。

摩非斯特来到瓦格纳中世纪风格的"实验室"。

瓦格纳正屏息吞声，全神贯注地注视着他面前的曲颈小瓶。那里面，他调和的几百种元素正在蒸馏，已经发出了红红的火光。一个可爱的小人儿终于制造成功，体态十分玲珑。这小人儿名叫何蒙古鲁士。小人儿形成后就开始说话。他对瓦格纳说："阿爸，你好吗？来吧，亲热地把我搂在你的怀抱，但不可太紧，以免玻璃爆炸。"

"伟大的事件"告成，瓦格纳又高兴又激动，他使人脱离自然繁殖的"无聊的儿戏"，有了"更为高尚的出身"。他对自己多少日子来辛辛苦苦的工作所取得的成就感到满意。可是这何蒙古鲁士无法和自然接触，他只能待在与世隔绝的玻璃瓶里，蜕化不出来，也不能发育。

瓦格纳在烧瓶中造人

这时，侧门开了，何蒙古鲁士瞧见了躺在床上的浮士德，又惊又喜。他也是个喜欢喧闹的人，只是他喜欢的是古典的游乐。瓶子从瓦格纳手里滑出，飘浮在浮士德头上，他用自己身上发出的光照着浮士德和靡非斯特，带着他们飞往东南方，去赴古希腊的

古典的瓦尔普吉斯之梦夜会。

悲戚的瓦格纳，只能继续在这里翻阅羊皮纸的古籍，收集和拼凑生命的要素。

何蒙古鲁士像一颗明亮的流星，在众人头上飞行，为浮士德和靡非斯特引路。他们来到古希腊幽暗的法沙路斯旷野，降落下来。刚触到地面，浮士德立刻苏醒过来。在这古希腊的土地上，浮士德全身焕发着新的精神，他看到古代历史中的人物和各种精灵鬼怪，但是浮士德仍然想念海伦，他要去寻访海伦。靡非斯特和何蒙古鲁士也分开，各自去冒险。

浮士德在法沙路斯战场看到了人面狮身的斯芬克司、怪鸟格莱弗和上身是少女下身是鸟的赛伦。赛伦婉转优美的歌声没有吸引住浮士德。浮士

第四部分 主要作品介绍

德精神旺盛，对所见到的一切都感到惊奇和满意。但是，没有找到海伦，又使他心急。他向斯芬克司询问谁见过海伦，它们要他到比纳渥斯河去问象征智慧和正义的人首马身的希隆。

浮士德来到比纳渥斯河。河水泛波，芦苇摇曳，矫健妙龄的水精宁芙们游浸在水镜中，一个个体态轻盈娇艳，陶醉了浮士德的双眼。她们轻声低语、低吟浅唱，希图留住浮士德，让他安息于幽静之中。

浮士德在河边伫立、徘徊，犹如身入仙境梦乡。他的眼睛在此流连，可是他的精神却只顾往前，要去寻找那最高处的精华。恰这时，马蹄声近，希隆来到。浮士德征得他的允许，骑上他的背。希隆带着他向前奔去。在路上，他们交谈起来，话题转到海伦身上。希隆也曾背过她，他极口称赞她的美丽动人，说得浮士德更是魂不附体。看到浮士德如此急切真诚，希隆将他带到巫女曼托的神殿中，让她去帮助他。曼托是个慈祥的巫神，十分同情人类。在她指引下，浮士德找到了寻找海伦的一条通道。

摩非斯特走着，忽地平地被巨石所挡，他在石堆间彷徨，不知该走向何方。山精在古老的山岩上开口，叫他不要被现象迷惑。摩非斯特在橡树女精的指引下，会见了3个极丑的妖女福尔基亚斯。她们是黑暗所生，三人合用一只眼睛、一个牙齿。摩非斯特要求她们"把三人的本质摄并于两人"，而把第三个的形象暂时借用。他带着一齿一目的鬼脸走了。

何蒙古鲁士东飘西荡，没有找到一块合意的地方。他满心希望碰破小瓶发育成长，又无法做到。但他发现了两位古希腊哲学大师——泰勒斯和阿那克萨哥拉。

泰勒斯（约公元前624一前547年）认为水是万物的本源。阿那克萨哥拉（约公元前500一前428年）认为自然界一切物体都是由许多物质的小片（即"种子"）构成的。他们都认为世界的本质是物质，然而在原质上，他们存在着分歧。泰勒斯认为水是世界万物的原质，万物生成于水，又复归于水，这种变化是有规律的、自身的，不受昼夜时辰的限制。阿那克萨哥拉认为一切物体都由无限多的有一定性质的物种构成，它们总在做着混合与分离的变化，但变化的原因在它们的外部，由于地中心的熊熊烈火的蒸气喷薄而出，冲破平地的古老地壳，然后才生出了一座新山。他们在讨论着生成。何蒙古鲁士追随他们，因为他也希望自然成长。

泰勒斯把何蒙古鲁士带到海洋老人、预言者纳莱乌斯面前，但老人不愿意为何蒙古鲁士指点未来。他认为人总是纵欲任性，听不进智慧的忠言。纳莱乌斯让他们去找普罗特乌斯，"请教那位怪人，人怎么生成，怎么变化"。

何蒙古鲁士用自己发出的毫光，把海中老人普罗特乌斯引了出来。普罗特乌斯告诉他，从大海里做起，在海里吞食极小的东西会逐渐长成。地上的努力，一场地震便遭致毁灭，被溶合成别的物件，倒是水对生命更为有益，只有永恒的自然才值得赞美。他变形为海豚，让何蒙古鲁士骑上他的背，他要把他带进永恒的水里。

居住在海中仙山上的人们，不受野兽和地震的威胁，也不受改朝换代、纷争残杀的骚扰，永远被永恒的和风吹拂着，仍和太古时代一样。最美的女神迦拉德亚乘贝车而来。她轻盈庄严、绰约娇艳。何蒙古鲁士被迦拉德亚的美艳所迷，在她的脚边环绕，希图纵情恣欲，但却不可能，终于，他将瓶儿碰破，闪烁，燃烧，融成一片火光，归到了大海之中。

特洛伊战争结束后，海伦又回到了故乡。被在战争中掳来的女子们簇拥着，她走进昔日的宫殿。然而，回来是作为国家的女王，还是作为祭神的牺牲，这吉凶未卜的命运，使她忧郁不安。

海伦走进王宫的内廷，突然在炉灶边见到一个高大的蒙面女人。她以为是宫女头子，谁知是一个极丑的妖魔，面上一齿一目。她们认出她属于福尔基亚斯之族。

第四部分 主要作品介绍

福尔基亚斯说："国王要把海伦祭神，众宫女将被吊在横梁上，成排成行。"几句话吓得海伦和众女子惊慌失措，魂飞胆丧。福尔基亚斯又用起魔法来，布置起可怕的祭台。众宫女都向她求告。福尔基亚斯说道："不远处有一座城堡，宫中有一男子，金发碧眼，是个极出色的领袖。关键须得海伦同意，我才好将众人领到那里。"

福尔基亚斯领着一群人急急忙忙向"自由国土"逃去。迷惘间，她们置身于一座中世纪华美的宫廷，福尔基亚斯却不见行踪了。

一群秀美的青年，步伐矫健，整队而出，引起众宫女的倾慕。随后，身材奇伟、品格高华、仪表温雅的俊美男子浮士德，身着中世纪骑士的宫廷服装出现在台阶上，缓慢而庄重地下来。

浮士德带着一个双手被缚的仆人，走到海伦面前。礼毕，他向"女王"解释，这个仆人身为高塔上的看守，今天疏忽万分，连女王光临都不来通报，耽误了隆重而竭诚的欢迎仪式。他将仆人交与女王，听凭处分。守塔人述说自己被海伦美丽的容貌所迷，忘记了自己的职守，表示甘受处罚。

海伦的美征服了所有的人。她叹道："灾难是我带来，我不能加以惩处，残酷的命运纠缠我，使天下多少男子为我着迷。我一再惹起天下骚动，三番四次带来劫难重重。把这好人带去，将他放免。"浮士德说："你在刹那间使我的忠仆叛变，我的城墙动摇。我的军队会归顺你，让我跪在你的脚边，认你为女主人。"浮士德将主权让出，让海伦做了女王。海伦被这情景感动，她和浮士德彼此爱慕，他们表示了爱情的至诚。

正陶醉中，福尔基亚斯闯了进来。她带来了海伦的丈夫梅纳劳斯率兵来攻城的信息。智勇双全的浮士德立即发布命令，统领国内大军迎战。他们击败了来敌，保卫了城池和海伦。

浮士德与海伦结合后，一个小男孩降临了人间，名字叫欧福良。活泼的小男孩一刻也不停歇，他跳到地面，又迅速地反弹到空中。跳上几跳，他就触到了高高的穹隆。他憧憬着那无垠的高空，他急着要跳，急着要飞，无论什么高处，都想冲上去。

人间的限制使他感觉难受，他不愿再将自己束缚。他坚决认为，世人不论男女，都应该成为疆场上的英雄。他升腾起来，越升越高，像一颗美丽的星星。他高呼着："前进吧！荣名之路已开。"狂热而冒险的欧福良，飞去奔赴战场，不料飞得过高，他燃烧了起来。头上发光，身后曳着光尾，他的尸体坠于父母脚旁。

人们围上去辨认面容，这形骸却立即消失，光环彗星上升于天，衣服、披风与利拉琴留在地上。

儿子的天折，使海伦无比悲痛。她想幸福与美丽并存的日子不能久长，因生命和爱情的联系已经断绝。海伦最后一次拥抱过浮士德后便消逝了，只留下衣服和面纱。

浮士德依照福尔基亚斯的话，紧紧将衣裳捉住。海伦的衣裳化为云彩，环绕浮士德，将他带到空中一同飞去。

福尔基亚斯站起来，揭开假面具，露出了恶魔的原形——靡非斯特。

峻峭嵯峨的山上，一朵云彩载着浮士德从希腊飞回北方，降在山顶的平坦处。浮士德留在山顶，他想起了逝去的少年时代，和那用爱的灵光照拂过他的玛甘泪。现在这一切都离开了他，变得那样遥远。他俯瞰着无际的大海，一个宏大的计划在浮士德心中诞生。浮士德要成就惊人的功业，他要征服自然。

浮士德不能容忍海洋的专横肆虐，波浪逼近，泛滥各处。他要与海斗争，将水制服！不管海水如何泛滥，一遇丘陵，它就只得转弯。把汹涌的海水逼离海岸，对潮汐地带加以限制，把海水赶回海洋中。填海的意愿在他胸中盘旋，他要建立一个美丽的、自由的理想王国。

这时，国内爆发了革命。那位骄奢淫逸的皇帝，只知自己享乐，不理

第四部分 主要作品介绍

国事，全国上下陷入一片混乱。人民不堪忍受，举起了义旗，要革命，要生存，要和平，要新的君主。皇帝退到这山谷，他要在这里背水列阵，做最后的决战。

靡非斯特为浮士德出谋划策："帮助皇帝赢得战争，就能得到沿海地带的酬劳，填海的目的也就可以达到。"靡非斯特又请来暴躁者、矫捷者、顽固者三壮士。他们一同下山，去帮助皇帝。

皇帝的军队占领了敌方的营寨。

皇帝踌躇满志，得意扬扬，登上宝座封官赏地。"有功"之臣都赐以高官厚禄、肥美的疆土，世袭制度予以严格执行。群臣个个欣喜万分。只有宰相对皇帝将海边的一片沙滩地赏给浮士德有怨言，要求把那儿将会有的"租税、利息、贡物和一切捐款"都拨归教会，而且还让皇帝将一大片最肥沃的土地奉献给教廷。皇帝不得不应许。

旷野上，一个旅游人来到海边，来拜访裴莱蒙和鲍栖时老夫妇。当他在海上遇难的时候是这对老夫妇搭救了他。老夫妇告诉他一个惊人的事情：飞沫排空、翻波涌浪的海洋，如今已经变成了花园，像一座天堂。只因一位封臣在这里掘壕沟、筑堤防，海水退缩了，代替它的是繁华稠密的人烟和牧地、森林、园圃、村庄。吃饭间，老人也向客人谈起工程的艰辛：筑堤开河，干活儿的人不知死去了多少，一到夜里就听见鬼哭叫声。他们还想要吞并自己的茅屋和一座小教堂。老夫妇如何能抵挡得住，唯一的办法就是鸣钟、祈祷、跪拜，向神明求援。

钟声传进雄伟的宫殿，传进了正在踱步徘徊的高龄的浮士德耳中。那菩提古树、朽败的礼拜堂和小茅屋，都使浮士德厌恶憎恨，使他像置身于寺院和坟墓。

运河上，一只富丽堂皇的大船驶来，船上堆满大小箱子，载着外地的物产。靡非斯特走下船，来向主人浮士德禀报：在自由的大海上自由行驶，缉查、走私、战斗三位一体，忠实地奉行强权就是公道的法则，换来了硕果丰盛、捷报频传。

海洋被征服以及满船的货物，都不能使浮士德开怀，他命令靡非斯特以一片"好地方"和"一座新居"作为迁移条件，去将那对老夫妇迁离。

靡非斯特毫不迟疑，带上人马来到小屋。老人死也不肯开门。他们一阵撞门喊叫，朽门倒塌，两个老人被惊吓至双双毙命。他们又打死了那位游客，烧掉了小屋、教堂和菩提树。浮士德得知后大怒，气得他一直诅咒他们。

火势渐退，阴风飒飒地吹来。阴风中裹着4个阴影——"匮乏""罪过""忧愁"和"苦难"。她们来到浮士德的宫前，"忧愁"体态轻盈，从锁眼中溜了进去。

浮士德独自坐在宫里。"忧愁"走进来与他交谈。浮士德情不自禁，竟向着"忧愁"述怀。她对着浮士德吹出一口阴气，顿时，浮士德的双眼永远失去了光明。

靡非斯特招来死灵们，为浮士德挖掘坟墓。浮士德摸索着从宫中走出。锄头的声音使他兴奋，他以为这是为他而来的民众，在修筑一条拦海的长堤。他命令靡非斯特赶快去募集起更多的人工，让他们为他的事业服务。

双目失明的浮士德，对自己的填海事业十分满意。大海变成了良田，人民安居乐业，自己也将留名千古。他再也抑制不住自己了，情不自禁地喊出："你真美呀，请停留一下！"随即倒地，永远离开了人世。

靡非斯特生怕浮士德的灵魂逃走，他念起咒语，可怕的地狱咽喉在左方张开，肥鬼瘦鬼一起出现。靡非斯特命令他们小心谨慎，看守浮士德的灵魂，勿使它逃遁。

这时有光从右上方照下，天使们来到了。美丽圣洁的天使在歌声中翩翩起舞，将玫瑰花抛撒。玫瑰花清香馥郁，将魔鬼们的勇气、力量都融化掉了。

第四部分 主要作品介绍

靡非斯特被天使们的美貌迷住了，起了淫欲之念。他只顾围绕着天使们转，天使们趁机携带了浮士德的灵魂，飞上天去了。靡非斯特的造"恶"工程，就这样前功尽弃了。

圣山上，天使们背负着浮士德之灵，高唱着"不断努力进取者，吾人均能拯救之"回到天界。她们在高空中起舞，为战败魔鬼、获得浮士德的灵魂而高奏凯歌、齐声欢呼。

天后圣母玛利亚，由众多的被赦女子环绕着，自一方冉冉飞来。圣母慈悲宽容，凡能忏悔之人，均许之沐浴圣恩，升于永恒。

玛甘泪见到浮士德的灵魂，从赎罪女子行列中走出，牵着圣母的衣角，恳求圣母慈悲庇护她的爱人浮士德。光明圣母欣然允诺："来吧，升向更高的境界！他觉察到你，会从后面跟来。"

圣母宽宏大量，众人感激涕零，众者齐声高诵道：

一切向上心，俱为圣服务！

处女哟天后，女神哟圣母，

诚心叩命你，恩佑永不渝！

永恒之女性，领导我们走。

【赏析】

《浮士德》是一部描写梦想者和发展者的诗剧。它的基本内容是以文艺复兴以来的德国和欧洲社会为背景，通过浮士德在各个生活领域里的悲剧经历，表现他不断追求真理、探索人生理想的思想发展历程，展示了他一生的精神发展史和人生价值追求史。主人公的从小境界到大境界的思想变化历程，反映了从文艺复兴到19世纪初整个欧洲的历史，揭示了光明与黑暗、进步与落后、科学与迷信两种势力的不断斗争，系统地总结了从文艺复兴到启蒙运动300多年间西方知识分子追求探索的精神历程。歌德将浮士德的价值追求目标作为全剧的戏剧悬念，表达了歌德对人类未来的远大而美好理想的憧憬，特别是结尾处，浮士德越接近死亡，思想越活跃，肉体虽死，精神永存，是一部现实主义和浪漫主义结合得十分完好的诗剧。

情节与结构

诗剧《浮士德》分两部，第一部主要讲述的是知识悲剧和爱情悲剧；第二部是政治悲剧、美的悲剧和事业悲剧。具体表现在他的书斋生活、爱情生活、政治生活、艺术生活和创建事业生活五个阶段，分别体现了浮士德的五大追求。知识追求：他满腹经纶，却于事无补；爱情追求：爱情被保守思想和封建礼法扼杀；政治追求：为封建王朝服务，却因爱上海伦而葬送自己的前程；艺术追求：寻求古典美，也以幻灭告终；社会理想追求：建造人间乐园，却在呐喊中倒地而死。

第一部第一阶段，学者生活中的"知识悲剧"

浮士德最先是以学者的面貌出现的，他追求知识，并利用它去改造社会，造福人类，这是大多数新兴资产阶级知识分子走向生活和社会的第一步。年已半百的浮士德，在书斋里博览典籍，企图"以口舌传宣，能把黎民改变"，过的是脱离现实的书斋生活。他孜孜不倦地研究学问，把哲理、法律、医典、神学等都努力钻研遍了之后，不但"措大依然，毫不见聪明半点"，越学越觉得知识的贫乏，不能认识自然宇宙、人类社会，所学的知识也毫无实际用途，而且使自己陷入了"中宵倚案，烦恼齐天"的境地。他深感精神空虚，诅咒自己的书斋是暗淡无光的牢笼，悲观绝望，打算服毒自杀。魔鬼靡非斯特乘虚而入，答应做他的仆人，带他去经历人生，条件是他一旦满足，灵魂便归魔鬼所有。浮士德自信永远不会满足，又渴望投身现实生活，便与魔鬼订约，走出书斋，去享受现实生活的乐趣。

这表明，陈旧的书本知识和牢狱似的书斋生活是知识悲剧，而不是理想。反映了陈腐的知识与现实社会的矛盾，贫乏的知识与丰富的自然、人生的矛盾，批判了中世纪的知识学问，对当时德国僵死的学术进行了辛辣的讽刺，反映了人类知识在现实面前的困惑，体现了知识分子从文艺复兴以来到宗教改革、"狂飙突进运动"的反封建精神。同时表现了觉醒的知识分子不满现状，要求个性解放，从中世纪的经院哲学中解脱出来。

第一部第二阶段，爱情生活里的"爱情悲剧"

浮士德有强烈的追求享乐和情欲的愿望，他跟随魔鬼靡非斯特到一个女巫那里，喝了返老还童的魔汤，来到一个小镇，进入了"小宇宙"的行程。"小宇宙"指的是德国狭隘市侩的小世界，是个人的感情世界。浮士德在这里结识了美丽的少女玛甘泪，并获得了她的爱情。玛甘泪为与浮士德幽会，给母亲服多了安眠药，致使母亲丧命。她的哥哥又死在浮士德的剑下。玛甘泪因愧于舆论，溺死自己的私生子。玛甘泪入狱了。这时的浮士德受魔鬼诱惑，却在与魔女欢会。当浮士德得知玛甘泪被判死刑，浮士德在悔恨中结束了自己的爱情生活。

浮士德想在爱情生活中走"个性解放"的道路，但由于德国封建、宗教势力的强大，他的追求以失败告终。浮士德深深认识到爱情生活只能满足一时情欲的需要，并不能使他获得爱情自由和开创个性解放的道路。他领悟到个人生活享受不是美，而是悲剧。

浮士德精神性格的核心是个人主义，他的内心是充满矛盾的。他一方面向往未来，追求理想，即"离去凡尘，向那崇高的境界飞驰"；一方面又要现实的享乐，即"沉溺在迷离的爱欲之中，执拗地固执着这个尘世"。这是人类所共有的特点，是人身上生来就有的"灵"与"肉"、"良心"

与"情欲"两种对立的本质，是歌德世界观中人性论观点的反映。

玛甘泪的爱情使浮士德获得了教训，把他从情欲的泥潭中解放出来，使他摆脱了"小世界"的平庸生活。魔鬼靡非斯特想以男女间的肉欲来促使浮士德毁灭，这个企图失败后，他只好带领浮士德到"大宇宙"去旅行。

第二部第三阶段，政治生活中的"政治悲剧"

浮士德忘却前事，恢复精神，被魔鬼带到一个封建王朝的宫廷里，进入了他的政治生活阶段。他开始投身于政治活动，为封建宫廷服务。这是一个腐朽空虚、风雨飘摇、朝不保夕的王朝，经济严重困难，民众怨声四起。皇帝仍沉于享乐，浮士德仍然尽心为其服务。在靡非斯特的帮助下，他发行大量纸币，暂时解决了经济危机。但他终于不能有所作为。为取悦皇帝，满足统治者的异想天开，浮士德借魔鬼的法术再现古希腊美女海伦的幻影。浮士德对海伦一见倾心，当显现海伦和特洛伊王子帕里斯的恋爱嬉戏时，为了不让帕里斯拥抱她，浮士德用魔钥去触帕里斯，结果幻影消失。浮士德昏倒在地，至此结束了他的政治生活。

浮士德的这段经历，正是歌德自己10年魏玛官场生活的寓意概括，也正反映了德国资产阶级在改变现实中无能为力的可悲状况。

这说明，浮士德在政治上想有伟大的业绩，但结果除供统治者消遣取乐外，一无所成，根本不能实现他改造世界、建立理想国家的宏愿。反映了德国资产阶级政治上的妥协性和思想上的软弱性，粉碎了启蒙主义者对君主政治不切实际的幻想，表达了对腐朽封建王朝的揭露和批判。

第二部第四阶段，艺术生活中的"美的悲剧"

政治生活的失败，使浮士德想逃离现实，转向追求古典美。他昏迷中仍一直迷恋着古希腊美人海伦。在魔鬼的帮助下，浮士德与海伦结合，生下儿子欧福良。活泼又喜欢冒险的欧福良不断地欢腾跳跃，奔放不羁，不断地往上空飞翔，不料飞得过高跌落在父母的脚下。海伦悲痛地消逝，只留下衣服和面纱。浮士德对美的追求也以悲剧结束。

浮士德对海伦古典美的追求理想的幻灭，是对当代德国启蒙思想家企图用美的教育来改造世界的否定的回答。海伦的消逝说明古典艺术和古典美只能作为现代文化的养料，古典美的复活是完全不可能的。欧福良的天折说明用美教育人类、改造社会是不切合实际的幻想，海伦消逝后留下的衣服和面纱化成了云彩，消失于缥缈之中。

这说明，追求古典美是表现资产阶级思想探索史的一个阶段，对古典美的追求不能满足启蒙思想家和新兴的资产阶级建立理性王国的要求。

第二部第五阶段，现实世界中的"事业悲剧"

浮士德追求古典美幻灭后，从古代世界又回到现实世界，要去追求更高层次的理想。他要改造自然，变沧海为良田，为人民建立理想之邦，这是浮士德生活道路的事业阶段。浮士德要领导人们在这片海边沙地上进行一番创业，使之变成了一座人间乐园。浮士德命令魔鬼驱使百姓移山填海，开发土地。此时，浮士德已是双目失明的百岁老人。死灵们为他挖墓穴，浮士德却以为是群众在劳动填海造田。他在想象中享受着至高无上的瞬间，想象这种变化还将因为自己的努力而更加日新月异，他想到自己正在从事的伟大事业，感到了由衷的喜悦和满足，他终于发出了"你真美呀，请停留一下"这样自我满足的呼声，随即他倒地死去。

按照契约，摩非斯特本可以获得浮士德的灵魂，但他并没有得逞，因为天使赶来了。在天使们歌声的引导下，浮士德的灵魂飞升进入了天堂。

浮士德领导人民改造自然、建立的人间乐园是启蒙思想家绑制的"理想王国"，是歌德事业悲剧的最好体现。表达了人们对人类未来社会的美好憧憬。结尾处，浮士德死亡前的精神和思想状态是亢进的，说明人类的追求将永无止境。

诗剧的主旨

《浮士德》是一部思想内容很丰富的作品，通过浮士德几个阶段的追求，歌德写出了一部人类灵魂发展史。描绘了人类的前途和理想，阐释着人生的意义和价值。诗剧开篇的两个赌赛，提出人生的理想及如何实现理想的问题。从浮士德不断变化的精神世界，反映了从文艺复兴时期以来欧洲不断变化的物质世界，是欧洲近代社会发展的缩影和写照。

诗剧的主旨探讨了人性的善恶。歌德时代的德国，诸侯纷争，战争频繁，加之资产阶级兴起，资本主义个人主义意识的扩展，致使个人情欲、物欲膨胀，人性中"恶"的问题凸显。歌德虽为人性恶的膨胀担忧，但更相信善可以战胜恶。诗剧"天上序幕"中上帝与魔鬼打赌，一方面表现了恶（魔鬼）的猖狂，另一方面，上帝对人的信心也反映了歌德对人类的信心。靡非斯特作为恶的化身，对浮士德施行种种诱惑，力图使浮士德堕落，但结果却使浮士德不断从迷茫和错误中接受教训，向更高的境界飞跃，最终走向为大众造福，这样魔鬼反起到"造善"的作用。这体现了歌德的善恶辩证观：善恶对立，又互相依存、互相转化。人类在与恶的斗争中不断净化自己、完善自己、造福人类。

诗剧的基本精神是描写理想与现实的矛盾，探索现实的出路，浮士德的永不满足和不断追求，代表了人类的命运和前途。

诗剧的核心思想和出发点是启蒙时期的人道主义。它揭露和批判了当时各种陈旧僵死的学问、封建朝政的腐朽黑暗、封建伦理道德的残忍冷酷、资本主义金钱的罪恶和资产阶级海外掠夺的强权政策，而且坚信人的理性力量和实践作用，坚信人能从各种矛盾和迷误中走向正道，体现了人类的进取精神，激励人们为崇高的理想而奋斗。这是积极的思想意义所在。

人物分析

浮士德是人类积极精神的象征，是欧洲上升时期资产阶级先进知识分子的艺术典型，也是文艺复兴以来资产阶级人道主义者、启蒙思想家的代表。他有较高的文化教养和渊博知识，他在探求理想的人生和理想的社会上表现出一种永不满足、勇于探索、努力向上、自强不息的精神。这种理想在一定程度上反映了德国人民要求结束封建分裂状态和统一祖国的愿望。浮士德在思想性格上表现出资产阶级的两重性。他留恋人世的欢乐和享受，又极力想从平庸的生活中解脱出来，去探索崇高的理想。尽管在前进的道路上也曾有过迷误，但他从歧途和错误中努力克服自身的矛盾，战胜物质享受、爱情欢乐、名誉地位等种种诱惑，不断地向崇高的境界飞驰，终于探索到人类的理想社会。这种灵与肉、善与恶的矛盾实际正是资本主义上升时期资产阶级进步分子为改变封建制度而进行不息的斗争的典型精神特征，也反映了人类追求真理的艰巨性。浮士德的人生理想是在保存现有制度的前提下，用改造自然来完善社会，用劳动建成人间乐园，这实际上是理想化的资产阶级王国。

靡非斯特是邪恶和否定精神的象征，是与浮士德对立的反面人物，代表否定和毁灭，是恶的化身。他不相信历史、未来、人类进步。不相信崇高的事物，对一切都是轻蔑和嘲讽。他处心积虑地引诱浮士德陷入歧途。他一手导演了玛甘泪的悲剧，倡议滥发纸币造成了经济危机，帮助封建王朝镇压反叛，维护腐朽统治，烧毁寺院、树林，在公海上大肆掠夺。靡非斯特在"作恶"和破坏中追求一种特殊的欢乐，即乐于看到人"比禽兽还要禽兽"，乐于看到人间充满悲剧。他把欢乐建筑在破坏人间的幸福、制造人间的痛苦上。他能体察到浮士德思想感情的细微变化，使浮士德的自我斗争屡遭失败；他摸透了统治者爱好虚荣的特点，善于歌功颂德，取得了皇帝的宠信；他还掌握了王公大臣们酷爱金钱的心理，以谎言揶揄捉弄他们；在对风流寡妇玛尔特的玩弄中，他又表现出是一个来往于花街柳巷的老手。总之，在所有这一切活动中，靡非斯特已完全脱掉魔气，而成为一个活灵活现的、令人信服的现实生活中的人物。从他的机敏、善于钻营、逢迎谄媚、玩世不恭、否定一切行为的性格来看，他完全是一个资产阶级浪荡人物，是资产阶级个人物欲、利己主义者的典型。

如果说浮士德代表了资产阶级积极进取的"善"的一面，那么靡非斯特则代表了资产阶级灵魂中"恶"的一面。浮士德和靡非斯特是诗剧中矛盾对立的核心，是生活在同一社会条件下资产阶级的两种不同类型的人。他们一善一恶、一正一反，但又相反相成。魔鬼的作恶，激励和促进浮士德的成长和发展；浮士德的向善，又反衬出魔鬼的罪恶本性。浮士德和靡非斯特之间这种对立统一关系表现为：魔鬼对浮士德所做的各种诱惑都从"作恶"的动机出发，目的是要使浮士德趋于沉沦和毁灭，但这种动机却在浮士德的生活实践和自我斗争中转化为"向善"的结果。靡非斯特千方百计想把浮士德引入"魔道"，他的各种诱惑变成了浮士德前进的动力。可见，靡非斯特存在的意义在于刺激浮士德不断前进。

艺术特色

在世界文学史上，《浮士德》是一部思想深奥、形象繁复、独树一帜的巨著，具有其独特的艺术特色。

浪漫主义和现实主义的完美结合

歌德将现实主义因素和浪漫主义因素交织融合运用。诗剧以高超的想象力将古与今、神与人、幻想与现实、天地与魔鬼等尽收笔端，描绘了五彩缤纷、瞬息万变的场景和画面，赋予剧作浪漫主义气息和玄幻的美感。对德国各阶层社会和封建朝廷生活的描写都是富有典型性的，瓦格纳、玛甘泪的形象，德国城市近郊的节日生活情景，当时学术界乱七八糟的现象以及乌烟瘴气的"紫金城"等，基本上是现实主义的。浮士德是现实和幻想相结合的产物，他的精神和经历具有现实基础，但整个形象却是传奇式的虚构。既有真实的事件（和玛甘泪的恋爱），又有幻想的情节（和海伦的结合）；既有现实环境（如宫廷社会），又有虚构的环境（如填海场景）。现实与幻想的结合，形成了诗剧壮阔的背景。全剧突破时间与空间的限制，自由地表现精神探索历史的形象，情节离奇，情景动人，反映了复杂的社会风貌和理想与现实的矛盾，表达了作者的爱憎情感和理想取向。

对比手法

歌德善于运用矛盾对比的手法安排场面、配置人物，表现在诗剧结构和人物的关系上。

诗剧结构的对比

诗剧突破一切常规，没有贯穿首尾的情节线索，而是以浮士德探索理想为中心，跨越时空界限，形成独有的特色。诗剧从开阔的天界，到狭隘的书斋；从幽暗的、死气沉沉的书斋到开朗的人民生活和生机勃勃的大自然；从庸俗嘈杂的酒店到优美娴静的爱情生活场景；从明媚的大自然到昏乱的"紫金城"；从纸醉金迷的宫廷宴乐到清明的远古希腊的旅行；从叛乱四起的没落帝国到和平、劳动的理想之邦。这种对比的结构形式从空间、时间、情节展开，突出了浮士德精神性格发展过程中的复杂性和曲折性。

人物对比关系

人物自身的矛盾对立。浮士德是在其自身两种精神的矛盾斗争中丰富和深化起来的；魔鬼是在其作"恶"和造"善"的矛盾中突出作用的；瓦格纳从一个埋头于古代经典的学究成为迷信"炼金术"术士；玛甘泪从开始觉悟到满足于爱情生活情趣的小市民。

人物关系的矛盾对立。诗剧是从矛盾发展的辩证关系上来刻画人物形象的，塑造出了一对对矛盾鲜明的人物形象。如正义之神的天帝与邪恶之魔的靡非斯特；至善的天帝与具体的善的浮士德；人性善的浮士德与人性恶的靡非斯特；觉悟者、实践者的浮士德与愚昧者、保守者的瓦格纳；精神探险者的浮士德与世俗弱女子玛甘泪；现代精神化身的浮士德与古典美的代表海伦，都是矛盾对立的人物。

浓厚的抒情色彩和辛辣的讽刺相交织，是诗剧的显著艺术特色

在这方面，歌德往往以靡非斯特做自己的代言人，通过他对旧事物所做的嬉戏性的评述，把它们的腐朽丑恶本质和盘托出，进行辛辣尖刻的讽刺和批判。第一部中对当代逻辑学、哲学、法理学、神学、医学以及反动浪漫主义诗歌等的揭露与批判，就是用上述手法进行的。有时，诗人也用批判对象的言行细节来自我表现，以达到讽刺的效果。第二部中揭发皇帝、大臣、僧侣们酷爱金钱的本质，就是采取这种方式。有时还用滑稽的歌谣，描绘当权人物的骄横暴戾，跳蚤歌里的跳蚤就是德国许多小公国的大臣、宰相的引人发笑的缩影。

诗剧的语言具有显著的艺术特色

歌德运用精练的语言喻事，表现人物的特征，不同人物所用的语言各不雷同。语言丰富多彩，富有民歌特点，富有哲理性和抒情性。歌德还采用了多种多样的诗歌形式和表现手段。在整个作品中，有抒情诗、哲理诗、散文诗、叙事诗，也有纯朴的民歌体。长诗运用对比交错的艺术手法，使诗歌场景、人物变幻莫测。在写浮士德五个阶段的经历时主要是以叙事为主。而对爱情、景物、述怀、讽刺等描述时则以抒情为主。同时，作者几乎采用了欧洲所有诗体，如用古希腊悲情风格的诗行表现海伦悲剧部分，《神曲》中的三联韵体、自由韵体等。各种形式运用自如，浑然一体。在欧洲文学史上，《浮士德》的艺术成就是辉煌的。

象征手法的运用

诗剧中除了几个主要人物外，还引进了许多古代和近代的人物，以及为数众多的神话世界中的仙人、妖女、鬼怪等，甚至把一些生物和无生命的东西拟人化。这些形象都是用来象征社会生活中的某种事物和观点的。海伦的美是古希腊美的象征；浮士德在追寻海伦的过程中所遇到的用美妙歌声诱人的海妖赛伦等，是重重艰难险阻的象征；浮士德和海伦的结合，是近代和古代结合的象征；酷爱自由、渴望战斗的欧福良形象，是一生反抗强暴，最后为希腊民族的解放事业献出了生命的英国浪漫主义诗人拜伦的象征；裴莱蒙和鲍柄时这对老夫妇的茅屋以及那座小教堂等建筑是中世纪旧事物的象征；浮士德用新屋换取旧房则是近代取代中世纪的象征。这些象征性描写，所表达的思想来源于现实。由于与生活隔了一层，以致诗剧的某些部分非常隐晦，内容过于庞杂，浮士德的性格过于抽象化、概念化，因此也削弱了诗剧的社会批判功能，这些是诗剧明显的缺陷。

总之，《浮士德》构思宏伟，内容复杂，结构庞大，风格多变，熔现实主义与浪漫主义于一炉，将真实的描写与奔放的想象、当代的生活与古代的神话传说杂糅一处，运用矛盾对比手法安排场面和人物。有讽有颂，有明喻有影射。其形式独特、色彩斑驳，达到了极高的艺术境界。它的每一阶段是自成一体的诗集，而就全剧而言，没有严密的戏剧结构，像一部叙事体作品，是把诗歌、戏剧和小说的特点糅合在一起的戏剧。

附录

歌德生平及创作年表

1749 8月28日生于美因河畔的法兰克福。

1759 法军进入法兰克福，法国城防司令托兰伯爵住在歌德的父母家里。

1765 进莱比锡大学学习法律。

1768 创作了剧本《恋人的情绪》，得病，从莱比锡归省。

1769 完成了剧本《同谋犯》。

1770 在斯特拉斯堡大学学习法律，与赫尔德相识，与弗里德里克相爱。

1771 获法学博士学位，回法兰克福。完成抒情诗集《塞森海姆之歌》。发表一篇演讲《与莎士比亚在一起的日子》。

1772 在韦茨拉尔帝国最高法院实习。完成论文《论德意志建筑艺术》。

1773 历史剧《葛兹·冯·伯利欣根》发表。

1774 书信体小说《少年维特之烦恼》发表。剧本《普罗米修斯》写了两幕。创作了悲剧《克拉维哥》。

1775 4月与丽莉·舍内曼订婚。 5月至7月，第一次瑞士之行。9月，歌德同丽莉解除婚约。完成《丽莉之歌》，开始写《哀格蒙特》。11月，歌德应卡尔·奥古斯特公爵之邀去魏玛。完成剧本《史推拉》。

附录

1776 2月，歌德与夏绿蒂·冯·施泰因结识。

1777 开始创作小说《威廉·麦斯特的学习时代》。

1779—1788 创作剧本《伊菲格涅亚在陶里斯》，并于1788出版。

1786—1788 赴意大利旅行。

1788 《哀格蒙特》发表。与席勒相识。与克里斯蒂安娜·符尔皮乌斯相恋。

1790 发表悲剧《托夸多·塔索》，发表《浮士德片段》，写就了《威尼斯警句》，研究色彩学。

1792 出征法国。

1793 《列那狐》发表。

1794 与席勒结交。

1795 与席勒合办刊物《时代女神》。

1796 完成小说《威廉·麦斯特的学习时代》。

1797 史诗《赫尔曼与窦绿茜》发表。

1806 完成诗剧《浮士德》第一部，1808年发表。

1809 《亲和力》开始发表。

1811 完成《诗与真》第一部。

1812 在泰普里茨与贝多芬见面。完成《诗与真》第二部。

1816 妻子克里斯蒂安娜去世。

1819 《西东诗集》发表。

1823 爱克尔曼开始访问歌德。

1827—1830 完成并发表《中德四季晨昏杂咏》组诗。

1829 小说《威廉·麦斯特的漫游时代》发表，完成《意大利游记》。

1830 长子奥古斯特去世。完成《诗与真》第四部。

1831 《浮士德》第二部脱稿，发表于1832年。

1832 3月22日，永眠。《浮士德》第二部发表。

参考文献

1. [德] 歌德. 少年维特之烦恼 [M]. 杨武能，译. 北京：人民文学出版社，1981.

2. [德] 歌德. 浮士德 [M]. 郭沫若，译. 北京：人民文学出版社，1959.

3. 王中忱. 外国文学基础 [M]. 北京：北京大学出版社，2008.

4. 吴舜立. 外国文学教程 [M]. 西安：陕西师范大学出版社，2009.

5. 陈应祥，傅希春，王慧才. 外国文学 [M]. 北京：高等教育出版社，2009.

6. [德] 爱克尔曼. 歌德对话录 [M]. 周学普，译. 上海：上海译文出版社，2008.

7. 赵勇，赵乾龙. 歌德 [M]. 沈阳：辽海出版社，1998.

8. [德] 歌德. 浮士德 [M]. 路廷明，译. 武汉：长江文艺出版社，2012.

9. [德] 歌德. 歌德自传 [M]. 刘思慕，译. 北京：人民文学出版社，1983.

10. 李大可. 天地人：歌德传 [M]. 石家庄：河北人民出版社，2012.

11. 皮波人物国际名人研究中心. 歌德 [M]. 北京：国际文化出版中心，2013.

12. [德] 爱克曼. 歌德对话录 [M]. 李华，编译. 天津：天津教育出版社，2008.

13. 叶隽. 歌德研究文集 [M]. 南京：译林出版社，2014.

14. [德] 歌德. 歌德精选集·迷娘曲 [M]. 杨能武，译. 石家庄：河北教育出版社，2015.